Elizabeth Jane Cochrane, dite Nellie Bly, est née le 5 mai 1864 à Cochran's Mills dans le comté d'Armstrong (Pennsylvanie). Figure légendaire de la presse américaine, l'intrépide Nellie Bly, pionnière du reportage clandestin, fait de l'infiltration sa marque de fabrique, que ce soit dans un asile ou dans une usine de boîtes de conserve. Une plongée de six mois au Mexique et un tour du monde sur les traces de Phileas Fogg en soixante-douze jours constituent ses plus hauts faits d'armes. Après avoir un temps repris sans succès les entreprises de son mari, Nellie Bly retourne finalement au journalisme et couvrira la Première Guerre mondiale en tant que correspondante. Elle meurt le 27 janvier 1922 à New York, à l'âge de 57 ans. À l'annonce de son décès, la presse pleure la « meilleure journaliste d'Amérique ».

DU MÊME AUTEUR

10 jours dans un asile
Éditions du sous-sol, 2015
et « Points », n° P4451

6 mois au Mexique
Éditions du sous-sol, 2016

Nellie Bly

LE TOUR DU MONDE EN 72 JOURS

Traduit de l'anglais (États-Unis)
par Hélène Cohen

Éditions du sous-sol

TEXTE INTÉGRAL

TITRE ORIGINAL
Around the World in Seventy-Two Days
PUBLICATION ORIGINALE
New York World, 1890

ISBN 978-2-7578-5980-3
(ISBN 978-2-36468-135-4, 1re publication)

Note de l'éditeur

En plein essor du journalisme embarqué, dépêcher un reporter pour battre le record du tour du monde était une bonne idée. Envoyer une femme en était une meilleure encore. Lorsque Nellie Bly entreprend sa circumnavigation en novembre 1889, elle part, chargée d'un unique sac à main de voyage. Son objectif : battre le record fictif de Phileas Fogg, le héros britannique du roman de Jules Verne, *Le Tour du monde en 80 jours*. C'est Bly qui l'emporte, et le pari risqué du journal *New York World* se double de l'incroyable chance de pouvoir financer, mettre en œuvre et promouvoir un phénomène historique unique. Nellie Bly troque son statut de célébrité naissante du journalisme pour celui d'icône américaine, emblème de l'audace et de l'imagination dans un monde de part en part sillonné par les lignes de bateaux à vapeur et les chemins de fer intercontinentaux. À travers ses 34 900 kilomètres parcourus (sans même une robe de rechange !), l'intrépide Nellie rend soudain le monde plus accessible, jusqu'à rencontrer Jules Verne, l'inventeur de son concurrent fantôme. Elle arrive en gare d'Amiens le 22 novembre à 16 heures et y est accueillie avec enthousiasme par le célèbre écrivain (qui la trouve jeune, jolie, mince comme « une allumette et d'une physionomie enfantine »). Une iconographie étonnante traduit l'opération publicitaire du quotidien *New York World*, du jeu de l'oie imprimé pleine page du journal au ticket à découper invitant les lecteurs à deviner, à la seconde près, en combien de temps Bly bouclerait son tour du monde – à la clé, un voyage en Europe. À son retour, on dénombre la somme de 927 433 coupons, le vainqueur, un jeune et séduisant New-Yorkais, F. W. Stevens, estime au plus près le temps réel de la révolution de la planète Bly : 72 jours, 6 heures, 11 minutes et 14 secondes. Du 14 novembre au 25 janvier, elle aura réussi à parcourir 40 070 kilomètres en précisément 72 jours, 6 heures, 11 minutes et 14 secondes. Jules Verne lui-même la félicite : « Jamais douté du succès de Nellie Bly, son intrépidité le laissait prévoir. Hourra ! Pour elle et pour le directeur du *World* ! Hourra ! Hourra ! »

L'œuvre de Nellie Bly, jusqu'alors inédite en France, marque la naissance du journalisme dit « infiltré » et préfigure les luttes pour l'émancipation des droits des femmes. Après *10 jours dans un asile*, le succès inouï de cette nouvelle aventure consacre la figure de Nellie Bly comme symbole de la lutte pour l'émancipation des femmes et pionnière du journalisme d'investigation. Comme l'écrit Dominique Kalifa dans *Les Bas-fonds, histoire d'un imaginaire* : « En dépit de la multiplication de tels récits, souvent vides et plats, le journalisme *undercover* gagnait peu à peu ses lettres de noblesse. Porté par quelques figures prestigieuses, comme celle de Nellie Bly, il apparaissait comme une épreuve et un exploit, dans lequel le reporter pouvait vraiment donner le meilleur de lui-même et servir la société. »[1] Costume

1. *Les Bas-fonds, histoire d'un imaginaire*, Dominique Kalifa, p. 191, Éditions du Seuil, « L'Univers historique », 2013.

de voyage – cape, veste bleue à col haut, jupe, long manteau de tartan et mallette de cuir – Nellie Bly boucle en 72 jours une ode à l'audace et à la détermination sans jamais se départir de son impeccable autodérision. La publication du *Tour du monde en 72 jours* constitue, après *10 jours dans un asile*, le deuxième volume de l'édition complète des reportages de Nellie Bly par les éditions du sous-sol.

LE TOUR DU MONDE
EN 72 JOURS

1

Une proposition

Comment m'est venue cette idée ?

Remonter aux origines des idées peut parfois s'avérer compliqué. Elles sont le combustible même des journalistes, une denrée malheureusement trop rare sur le marché… mais pas impossible à dénicher.

Celle-ci m'est apparue un beau dimanche après que j'eus passé la journée puis une bonne partie de la nuit à ferrer un sujet. J'avais l'habitude de me creuser la tête le dimanche et de soumettre le résultat au bon vouloir de mon rédacteur en chef le lendemain. Or, ce jour-là, rien n'avait surgi à mon esprit et à trois heures du matin j'étais encore à me tourner dans mon lit, épuisée et migraineuse. Agacée par mon manque d'imagination, je finis par me désespérer : Qu'est-ce que j'aimerais être à l'autre bout de la planète !… Tiens, mais pourquoi pas ? songeai-je. Des vacances me feraient le plus grand bien… Je pourrais entreprendre un tour du monde !

Il est bien plus facile de suivre le cheminement d'une idée. Revigorée, je pensai : Si j'ai la certitude d'aller plus vite que Phileas Fogg, c'est décidé, je me lance dans l'aventure ! Sur ce, je trouvai enfin le sommeil, déterminée à ne retourner au lit que quand je serais certaine de pouvoir battre le record du célèbre personnage de Jules Verne.

Le jour suivant, je me rendis à l'agence d'une compagnie de steamers pour y consulter les horaires. Si j'avais découvert l'élixir de vie, je n'aurais pas été plus heureuse que lorsque je conçus l'espoir de faire le tour du monde en moins de quatre-vingts jours.

J'abordai prudemment le sujet auprès de mon rédacteur en chef, craignant qu'il ne trouve mon projet trop farfelu.

« Alors, avez-vous des idées d'articles ? demanda-t-il quand je vins à sa rencontre.

– Une seule », répondis-je posément.

Il était installé à son bureau et jouait avec ses stylos, attendant que je poursuive. Je lançai tout de go : « Je veux faire le tour du monde !

– Vraiment ? fit-il en levant vers moi un regard pétillant de curiosité.

– Oui, et je veux le réaliser en moins de quatre-vingts jours. Je pense pouvoir battre Phileas Fogg. Me donnerez-vous ma chance ? »

Quelle fut ma déception lorsqu'il m'annonça que la rédaction du *New World* nourrissait déjà ce projet mais avait l'intention d'envoyer un homme ! Il me promit néanmoins qu'il me soutiendrait, et nous nous rendîmes sans attendre dans le bureau du directeur commercial.

Sa sentence tomba comme un couperet : « Vous n'y arriverez jamais ! Vous êtes une femme, vous aurez besoin d'un protecteur, et même si vous voyagiez seule, il vous faudrait emporter tant de bagages que cela vous ralentirait. En plus, vous parlez uniquement l'anglais. Rien ne sert d'en débattre : seul un homme peut relever ce défi.

– Fort bien ! Alors je partirai en même temps que lui pour le compte d'un autre journal et soyez sûr que je le battrai.

– Vous en seriez fort capable », marmonna-t-il.

Ma vive réaction eut-elle une quelconque influence sur leur décision ? Difficile à dire. Toujours est-il qu'au moment de nous séparer je fus heureuse d'entendre que, si le *New World* devait valider le projet, je serais l'heureuse élue.

Une fois cette promesse obtenue, d'autres missions éclipsèrent cette entreprise pour le moins révolutionnaire.

Une année s'écoula et, par une froide et pluvieuse soirée, je reçus une note m'enjoignant de me présenter immédiatement dans le bureau de Mr Pulitzer. Ce type de convocation, de surcroît en fin de journée, était chose inhabituelle, si bien que je me demandai quelle faute j'avais pu commettre.

J'entrai et m'assis à côté de mon rédacteur en chef, attendant qu'il prenne la parole. Il leva les yeux de ses notes puis demanda posément : « Que diriez-vous de commencer votre tour du monde après-demain ?

– Je peux même le commencer dès à présent, répondis-je en essayant de ralentir les battements de mon cœur.

– Si cela vous va, nous sonnerons le départ demain matin à Paris. D'ici là, vous devriez avoir largement le temps d'attraper le train postal qui part de Londres. Si vous le ratez, l'*Augusta Victoria* lève l'ancre le matin suivant.

– Je préfère tenter ma chance avec l'*Augusta Victoria* pour gagner une journée. »

Le lendemain matin, je me rendis chez Ghormley, le couturier adoré de ses dames, afin de lui commander une robe. Il était onze heures quand j'arrivai et je lui expliquai en un rien de temps ce que j'attendais de lui.

Il me suffit de penser que rien n'est impossible à

qui s'en donne la peine pour me donner du courage. Lorsqu'il faut accomplir à tout prix une chose, et ce en un temps record, et que je me heurte à ce genre de réponse : « C'est trop tard. Je ne pense pas que ce soit réalisable en si peu de temps », je réponds simplement : « Balivernes. Quand on veut, on peut. Mais le voulez-vous vraiment ? » Cette réponse ne laisse personne indifférent. Pour tirer le meilleur de nos semblables ou accomplir soi-même un exploit, il faut toujours croire en la réussite de son entreprise.

Par conséquent, j'annonçai à Ghormley : « Je veux une robe pour ce soir.

– D'accord, répondit-il, imperturbable, comme s'il était courant qu'une cliente lui demande de lui réaliser un vêtement si rapidement.

– Une robe que je puisse porter tous les jours pendant trois mois », précisai-je avant de le laisser à sa besogne.

Il jeta plusieurs pièces d'étoffes sur une petite table de manière à ce qu'elles forment des plis harmonieux, et étudia leur effet dans un miroir en pied.

Il n'était ni nerveux ni pressé. Tandis qu'il testait les différents tissus, il devisait avec entrain. Son choix se porta enfin sur un fin drap bleu et un tartan en poil de chameau, une association qu'il jugeait du meilleur goût pour une robe de voyage qui se devait d'être confortable.

Je fis mon premier essayage aux alentours de une heure. Quand je revins à cinq heures pour le second essayage, la robe était prête. La ponctualité et la rapidité de Ghormley me semblèrent de bon augure pour un projet qui n'en exigerait pas moins de ma part.

J'allai ensuite acheter un plaid. Puis je me rendis chez un autre tailleur pour dames où je commandai une robe légère que je pourrais porter dans les pays où l'été serait déjà arrivé. Je fis également l'acquisition d'un sac, avec la ferme intention d'y serrer tous mes effets de voyage.

Ce soir-là, je ne pus rien faire d'autre qu'écrire un mot d'adieu à mes amis et préparer mon bagage. Trier mes effets fut l'entreprise la plus difficile de ma vie : comment les faire rentrer dans ce minuscule contenant ?

Je réussis pourtant à tout y ranger, à l'exception de ma robe de rechange. Je me trouvais face à un terrible dilemme : préférais-je me charger d'un paquet supplémentaire ou voyager avec une seule robe ? Ayant une aversion pour les paquets, je jugeais bon de sacrifier le vêtement. Je dénichai un corset de soie de l'été précédent qui, après maints pliages, finit par se loger dans mon sac.

Je crois être devenue la fille la plus superstitieuse qui soit. La veille, mon rédacteur en chef m'avait confié qu'il s'était décidé à m'envoyer autour du monde après avoir fait un rêve prophétique. Dans ce rêve, je lui annonçais que je comptais participer à une course. Doutant de mes talents de compétitrice, il s'était retourné afin de ne pas être témoin de mon échec. L'orchestre se mettait à jouer, comme il le fait en pareilles occasions, et le public éclatait en applaudissements pour saluer le vainqueur. Je venais alors à lui, les yeux remplis de larmes : « J'ai perdu. »

« Je peux facilement interpréter ce rêve, dis-je à la fin de son récit. Au début de mon voyage, je réussirai à décrocher quelques bonnes histoires, mais l'un de nos concurrents me battra. »

Quand j'eus le lendemain la confirmation de mon voyage, un sentiment de terreur s'abattit sur moi. Je craignais que le *Time* remporte la course et que j'échoue à réaliser mon tour du monde dans les délais.

Pour couronner le tout, je n'étais guère vaillante à l'époque. Depuis près d'un an, pas un jour n'était passé sans que je sois prise de migraine. Moins d'une semaine auparavant, j'avais d'ailleurs consulté plusieurs éminents médecins car je craignais que mon travail ait eu raison de ma santé. Cela faisait en effet près de trois ans que j'exerçais la profession de journaliste, et je n'avais pas pris un seul jour de repos. Cette aventure avait donc un goût de vacances bien méritées, à dire vrai les plus délicieuses qui soient.

La veille de mon départ, je me rendis à la rédaction du journal où je reçus deux cents livres en pièces d'or et billets de la Banque d'Angleterre. Je glissai les pièces dans mes poches et les billets dans une bourse en peau de chamois que je nouai autour de mon cou. En plus de quoi, j'emportai un peu d'argent américain que je comptais utiliser dans différents ports, afin de voir si notre monnaie circulait hors des États-Unis.

Tout au fond de mon sac se trouvait un passeport un peu particulier, portant le numéro 247 et signé de la main de James G. Blaine, secrétaire d'État. Quelqu'un avait suggéré qu'un pistolet serait utile pour lui tenir compagnie mais, persuadée du bon accueil que l'on me réserverait à l'étranger, je ne suivis pas ce conseil. Je savais que, si je me conduisais convenablement, il y aurait toujours des hommes prêts à voler à mon secours, qu'ils soient américains, anglais, français, allemands ou de toute autre nationalité.

J'aurais très bien pu acheter tous les billets de mon voyage à venir à New York, mais je songeais que je pourrais à tout moment avoir à modifier mon parcours. Par conséquent, le seul billet que je pris fut celui pour Londres.

Quand j'allai faire mes adieux à mes confrères, je découvris qu'aucun itinéraire n'avait été préparé et que personne ne pouvait me dire si oui ou non le train postal à destination de Brindisi partait de Londres le vendredi soir. Nous ne savions pas non plus si c'était le bateau pour l'Inde ou celui pour la Chine qui partait de Londres la semaine où j'étais censée arriver dans la capitale anglaise. Ainsi quel fut mon étonnement quand, en arrivant à Brindisi, je découvris que le bateau partait en fait pour l'Australie !

Je suivis un homme mandaté par le *New World* pour aider l'agence maritime à organiser les choses au mieux de ce côté-ci de l'océan. L'histoire dira s'ils avaient vu juste ou non.

À mon retour, de nombreuses personnes voulurent connaître le nombre précis de tenues emportées dans mon unique bagage. Certains soutenaient que je n'en avais pris qu'une, d'autres que j'avais choisi des toilettes en soie qui prennent peu de place, d'autres encore me demandèrent si je n'avais pas acheté en route ce qui me faisait défaut.

Nous ne pouvons nous rendre compte de ce que contient une simple sacoche tant que nous ne sommes pas contraints à faire preuve d'ingéniosité pour que chaque chose y occupe le moins d'espace possible. La mienne put ainsi accueillir deux chapeaux, trois voiles, une paire de pantoufles, un nécessaire de toilette, un encrier, des stylos, des crayons et du papier, des épingles, des aiguilles et du fil, une robe de chambre, un blazer, une flasque et une tasse, des sous-vêtements, une généreuse réserve de mouchoirs et de ruches, et – indispensable mais ô combien encombrant – un pot de cold-cream censé protéger mon visage des intempéries.

Quelle plaie que cette crème ! Elle prenait plus de place que tout autre chose et avait le chic pour m'empêcher de fermer mon sac. Sur le bras, je portais un morceau de soie imperméable, unique protection contre la pluie dont je disposerais. L'expérience m'a montré que j'avais emporté avec moi plus que nécessaire. Dans chaque port où je séjournais, il y avait au moins une belle boutique de prêt-à-porter, à l'exception peut-être d'Aden mais, comme je n'y ai rien acheté, je ne puis le certifier.

Ces préparatifs m'ont tant occupée ! Si l'on voyage pour son seul plaisir et non dans le but d'impressionner ses pairs, le problème des bagages n'en est plus un. En une seule occasion – à Hong Kong, lors d'un dîner officiel – j'ai regretté de ne pas avoir de robe de soirée, mais cette déception fut moindre comparée aux mille tracas que m'auraient causés des malles à surveiller.

2

Le départ

Mon tour du monde débuta officiellement le 14 novembre 1889, à 9 h 40 et 30 secondes.

Ceux pour qui la journée commence à la nuit tombée et ne se termine qu'au petit matin quand ils se couchent savent combien il est perturbant de devoir se réveiller en même temps que le laitier.

Je me suis tournée plusieurs fois dans mon lit avant de me décider à me lever. Encore ensommeillée, je me demandai pourquoi un lit paraît plus luxueux et une sieste plus douce lorsqu'il y a un train à prendre qu'à ces heures de sommeil libérées de tout devoir. Je me fis plus ou moins la promesse qu'à mon retour je ferais semblant d'avoir à me lever à la hâte afin de goûter au plaisir d'une sieste volée, et ce sans qu'elle ne mette en péril aucun de mes projets. Je somnolai, bercée par ces douces pensées d'un réveil faussement précipité, tout en me demandant s'il n'était pas trop tard pour attraper mon bateau.

J'étais bien sûr impatiente de commencer mon tour du monde, mais je pensais, paresseuse comme je suis, que, si certains de ces aimables savants qui s'ingénient à imaginer des machines capables de voler consacraient un dixième de leur énergie à faire en sorte que bateaux et trains partent après le déjeuner, ils amélioreraient considérablement le sort de l'humanité.

J'essayai de prendre un petit-déjeuner, mais il était bien trop tôt pour que je puisse avaler quoi que ce soit. Il me fallait à présent partir : de hâtives embrassades suivirent les adieux, puis je dégringolai l'escalier en essayant de contenir la boule qui grossissait dans ma gorge.

« Ne vous inquiétez pas, avais-je dit à mes proches alors même que j'étais incapable d'articuler les deux odieuses syllabes du mot “adieu”, je pars en vacances. Et ce sera l'aventure la plus agréable qui soit. »

Puis, pour me mettre du baume au cœur, je songeai en marchant vers le port : Qu'est-ce que quarante-cinq mille kilomètres ? Dans soixante-quinze jours et quatre heures, je serai rentrée à la maison !

Des amis qui avaient eu vent de mon départ étaient venus me souhaiter bonne route. Tant que le bateau était à quai, il n'y avait rien d'autre à faire que de s'émerveiller de cette matinée ensoleillée. Mais, lorsque l'on pria mes amis de redescendre la passerelle, la réalité me frappa de plein fouet.

En guise d'au revoir, ils m'encouragèrent à tenir bon en me serrant la main. Face à leurs regards voilés, je m'efforçai de sourire pour leur laisser le meilleur souvenir de moi.

Quand le sifflet retentit et que je vis leurs silhouettes décroître à mesure que l'*Augusta Victoria* m'éloignait lentement mais sûrement de mon univers, m'emportant vers des contrées et des peuplades étrangères, tout courage m'abandonna. La tête me tournait et mon cœur semblait sur le point d'exploser. Qu'était-ce que ces soixante-quinze jours ?! Pas grand-chose, mais ils me firent l'effet d'un siècle et le monde devint une interminable ligne droite – et, enfin, pas une seule fois je ne me retournai.

Je dévisageai les passagers sur le pont. J'avais connu des périodes plus heureuses. J'avais comme envie de faire mes adieux à ce monde. Me voici partie pour de bon, me lamentai-je. Rentrerai-je seulement un jour ?

Chaleur suffocante, froid polaire, furieuses tempêtes, naufrages, fièvres, je ruminai tant ces futures réjouissances que j'eus l'impression d'être prisonnière d'un gouffre où toutes sortes de monstres n'attendaient que de m'engloutir.

Sous le ciel dégagé, la baie ne m'avait jamais paru si belle. Tandis que notre navire fendait silencieusement les flots, les passagers s'installaient confortablement avec chaise et plaid, manifestement déterminés à profiter des bonnes choses de la vie pendant qu'il était encore temps.

New York World, 15 novembre 1889

NELLIE BLY EST PARTIE

Elle entraîne les lecteurs du *World*
dans sa grande course contre la montre

BATTRA-T-ELLE LE RECORD DE PHILEAS FOGG ?

L'intrépide globe-trotteuse du *World* a embarqué hier à 9 h 40

AVEC POUR UNIQUE BAGAGE UNE SEULE ROBE !

Celle que l'on cherche tant à imiter était de bonne humeur lorsque l'*Augusta Victoria* a quitté la baie de New York / Une autre globe-trotteuse est déjà partie de la côte ouest et pourrait croiser Miss Bly sur le chemin du retour / Les voyageurs de New York et des autres grandes villes sont captivés par son périple / Le professeur Chauncey

Depew[1] a déclaré que le tour du monde de Nellie Bly pourrait provoquer une révolution sociale sur la côte est / « Jules Verne ne va pas assez vite pour le *World* », a déclaré un esprit éclairé de la côte ouest.

Quand nos lecteurs liront cet article, cela fera à peine un jour que Miss Bly aura pris le large. Si un voyage qui commence bien est déjà à moitié fait, alors l'intrépide voyageuse en jupon n'a pas à s'inquiéter. On ne pouvait pas rêver mieux pour un premier jour en mer que ce matin-là. L'air vif de novembre mordait les jolies joues de la jeune fille qui se tenait rougissante au milieu d'un groupe de gentlemen admiratifs et plutôt envieux. Elle a conversé avec l'un d'eux puis un autre avant de s'adresser à tous en même temps. Quelle intrépidité ! Même un gamin en vacances ne serait pas aussi enjoué ! Après un bon petit-déjeuner et de tendres adieux à sa mère, Nellie Bly était bien décidée à arriver à l'aube sur le steamer. Empoignant son minuscule sac de voyage tout neuf, elle a grimpé à bord du tramway, direction l'embarcadère du ferry situé en bas de Christopher Street – une vraie prise de risque que de traverser le fleuve par ce chemin incertain ! Nellie a attendu sur le ferry qu'un magnifique paquebot de la White Star Line libère la sortie du port de New York avant de se retrouver immobilisée au beau milieu de l'Hudson pour laisser passer des péniches qui transportaient du charbon dans un bruit assourdissant depuis le port d'Hoboken jusqu'aux quais de Lackawanna. Une fois la voie libre, le ferry l'a enfin débarquée dans l'immense espace réservé à la compagnie américano-

1. Chauncey Depew, sénateur américain, a été l'avocat de Cornelius Vanderbilt, président de la compagnie de chemins de fer New York Central Railroad. (Toutes les notes sont de la traductrice.)

hambourgeoise. Nellie Bly s'est rapidement trouvée sous l'escorte des agents préposés aux passagers, O.L. Richards et Emil L. Boas, qui lui ont accordé une attention privilégiée. Le capitaine Albers a été présenté à la jolie passagère et lui a assuré qu'il ferait tout son possible pour que la première partie de son grand voyage en mer et sur terre soit un franc succès. Le célèbre capitaine était convaincu qu'il pourrait déposer la jeune femme à Southampton jeudi soir et qu'après une bonne nuit de sommeil à l'hôtel elle monterait dans l'un des douze trains à destination de Londres – il faut compter deux heures de voyage entre le port de la Manche et la ville sur la Tamise.

« Je ne dormirai pas avant d'arriver à Londres et d'être certaine d'avoir une place dans l'un des douze trains qui part de la gare Victoria vendredi soir ! » a confié la globe-trotteuse. À ces mots, le commandant de l'*Augusta Victoria* lui a lancé un sourire d'approbation.

Quand le pilote apparut, tous se précipitèrent vers le parapet pour le voir descendre la petite échelle de corde. Je l'observai à mon tour tandis qu'il prenait place dans le canot qui le ramènerait à son bateau. C'était la routine, rien de plus, mais je ne pus m'empêcher de songer que, si l'*Augusta Victoria* faisait naufrage, il regretterait peut-être de ne nous avoir ni salués ni gratifiés d'un dernier regard.

« Vous voilà lancée ! s'exclama une voix derrière moi. Ce n'est que lorsque le pilote laisse les commandes au capitaine que notre voyage commence vraiment, par conséquent votre tour du monde vient de débuter ! »

Par le plus grand des mystères, ces paroles transmuèrent mes pensées en ce démon des océans qu'on appelle « mal de mer ». C'était la première fois que je voyageais à bord d'un navire, aussi devais-je me préparer à un combat acharné avec les vagues.

« Seriez-vous malade ? » Il ne m'en fallut pas plus : je me précipitai vers la rambarde.

Malade ? Je regardais à l'aveuglette vers le bas, trop occupée à donner libre cours à mes émotions pour écouter ce que me murmuraient les vagues.

Les gens prennent malheureusement trop peu au sérieux cette affliction. Quand je me fus essuyé les yeux, je vis partout des sourires accrochés aux visages. J'ai remarqué que les passagers occupent toujours le même côté du pont quand l'un des leurs se trouve tout à coup submergé, comme moi alors.

Les sourires ne me dérangeaient nullement, plus désagréable fut cet homme qui lança d'un ton narquois : « Et ça a la prétention de faire le tour du monde ! »

Je me joignis au concert de rires que déclencha cette remarque. Je m'étonnai moi-même de ma témérité à relever pareil défi alors que je n'avais aucune expérience des voyages en mer. Malgré tout, pas une seule fois je ne doutais du succès de mon entreprise.

Sur ce, j'allai prendre le déjeuner comme le reste des passagers, dont la plupart ne s'attardèrent pas. Je ne me souviens plus qui, de moi ou d'eux, initia le mouvement. Quoi qu'il en soit, je n'eus plus jamais l'occasion de voir autant de personnes réunies dans la salle à manger durant le reste de la traversée.

Je pris mon courage à deux mains et m'assis à la gauche du capitaine. J'étais fermement résolue à me maîtriser, mais c'était sans compter cette petite voix qui me soufflait depuis les tréfonds de mon âme que, cette fois-ci, ma bonne volonté ne suffirait pas.

Le repas commença de manière fort plaisante. Les serveurs se faufilaient d'un pas feutré entre les tables tandis que l'orchestre attaquait une ouverture et que le charmant capitaine Albers prenait place à table. Ses convives semblaient éprouver autant de plaisir que des cyclistes s'élançant sur la plus clémente des chaussées. Autour de la table, j'étais bien la seule à ne pas avoir le pied marin. J'étais pleinement consciente de ce fait et, visiblement, mes camarades l'avaient également remarqué.

Quand le potage fut servi, toutes sortes de douloureuses pensées m'assaillirent, et mon appréhension suffit à me donner la nausée. Je m'efforçais d'écouter mes compagnons s'extasier sur la musique, mais mon esprit était entièrement tourné vers un sujet qui n'aurait pas supporté la discussion.

J'avais chaud, puis froid ; je n'aurais probablement pas eu faim si j'avais été privée de nourriture une semaine entière ; en fait, je savais que je ne supporterais ni la vue ni l'odeur d'aucun aliment tant que je n'aurais pas regagné la terre ferme ou appris à me maîtriser.

Le poisson arriva ; le capitaine Albers était au beau milieu d'une bonne histoire quand je compris que je ne pourrais pas en supporter davantage. « Veuillez m'excuser », bafouillai-je avant de prendre la fuite. On me conduisit dans un coin isolé où je pus m'épancher librement, tant et si bien que je regagnai mon aplomb et, suivant le conseil du capitaine, décidai de retourner à table. « Le meilleur moyen de combattre le mal de mer, c'est de manger », avait-il en effet déclaré un peu plus tôt. Je trouvai le remède suffisamment inoffensif pour valoir la peine d'être tenté.

Je retournai à ma place sous les acclamations. J'étais un peu honteuse car je savais que je n'allais pas tarder à manquer une nouvelle fois aux règles de la bienséance, mais je me gardai bien de le leur dire. Et donc, sans surprise, je détalai bientôt aussi vite que la première fois.

Je revins une nouvelle fois à table, les nerfs ébranlés et mon assurance sérieusement entamée. À peine m'étais-je rassise que je saisis le regard amusé d'un serveur, ce qui me fit plonger mon visage dans un mouchoir et m'étrangler avant même d'avoir atteint la sortie.

Les hourras qui saluèrent mon troisième retour à table manquèrent de peu de me faire perdre encore contenance. Mais quelle fut ma joie quand j'appris que le déjeuner touchait à sa fin ! J'eus même le culot de déclarer qu'il avait été excellent.

Ce soir-là, je me couchai de bonne heure. Comme les amitiés ne s'étaient pas encore formées parmi les passagers, je jugeai que dormir me serait sans doute plus profitable que de rester assise dans la salle de concert à contempler mes comparses engagés dans cette ennuyeuse occupation de premier jour en mer.

New York World, 16 novembre 1889

IL FAUT SE HÂTER !

Ce bon vieil astre solaire peut-il faire 75 fois le tour de la Terre quand Nellie Bly n'en fait qu'un seul ?

SELON LES CALCULS D'UN CALIFORNIEN, LE VOYAGE PEUT ÊTRE BOUCLÉ EN 72 JOURS

Mais ces calculs sur le papier ne sont pas pertinents pour une course contre le temps / La dernière édition du *World* invite les globe-trotteurs à réfléchir à la question / On ne compte plus les paris lancés sur le résultat final.

EN EXCLUSIVITÉ POUR LE *WORLD*

San Francisco, le 15 novembre.

Le tour du monde entrepris par Miss Nellie Bly fait l'objet de nombreux paris. L'opinion est divisée à 50/50 : réussira-t-elle ou non à finir sa course dans les temps ? Beaucoup d'habitants de San Francisco souhaitent surveiller l'arrivée du bateau sur lequel la jeune aventurière finira sa course. Des sources fiables prédisent que, sauf accident, Miss Nellie pourrait boucler son tour du monde en soixante-quinze jours tout en écrivant des articles passionnants pour le *World* et en se soumettant à l'examen d'aliénistes à Brindisi et Yokohama ! Nellie Bly ne devrait pas passer plus de soixante et un jours en mer et sur les chemins de fer.

Il était un peu plus de sept heures lorsque je me mis au lit. Je me rappelle confusément m'être levée pour prendre le thé mais, hormis cela et quelques mauvais rêves, je ne me souviens de rien jusqu'à ce qu'une voix guillerette vînt me tirer de mon sommeil.

En ouvrant les yeux, je découvris une stewardess et une passagère, et, derrière elles, le capitaine, sur le seuil de la cabine.

« Nous vous avons crue morte, dit ce dernier.

– J'aime faire la grasse matinée, bredouillai-je en guise d'excuse.

– La grasse matinée ! s'esclaffa-t-il, déclenchant l'hilarité des deux femmes. Mais il est quatre heures et demie de l'après-midi ! » Pour me consoler, il ajouta : « Ça n'a aucune espèce d'importance, cette bonne nuit de sommeil vous a fait le plus grand bien. Seulement, vous devez à présent vous lever et tenter d'avaler un repas consistant. »

Ce que je fis avec un bon coup de fourchette, puis, plus étrange encore, je dormis comme si j'avais passé la journée au plein air.

Nous naviguions par gros temps sans que cela entame le moins du monde ma bonne humeur. Mon mal de mer avait tout à fait disparu, même si je craignais de le voir revenir. Et pourtant, je réussis bientôt à trouver mes aises.

Philadelphia Inquirer, 18 novembre 1889

LE VOYAGE DE NELLIE BLY

Faites confiance aux femmes, c'est tout ce que nous demandons

Aucun doute là-dessus. En confiant à sa brillante petite journaliste une mission aussi spéciale et dangereuse, le *New York World* a d'un seul coup accompli pour la gente féminine ce qu'en une décennie personne n'avait réalisé. Depuis toujours, de nombreuses âmes méritantes sont restées au bas de l'échelle sous prétexte qu'on ne les pensait pas capables d'agir par elles-mêmes.
Cette curieuse mais audacieuse aventure fait fi de toutes les règles qui jusqu'alors gouvernaient l'empire de la presse. Ce tour du monde célèbre le courage et l'énergie de notre sexe, et ouvre grand la porte du succès aux femmes de lettres. Il est la preuve que le sexe faible, quand il est doté d'un esprit sain et d'un corps sain et est libéré des carcans habituels, peut rivaliser avec les hommes les plus brillants.

Dorothy Maddox

Un de nos sujets de conversation préférés était l'idée souvent fausse que se font les étrangers des Américains et de leur pays. Un passager soutenait que la plupart seraient sans doute bien en peine de placer les États-Unis sur une carte…

« Beaucoup pensent que notre pays est une petite île quasi déserte, avança le capitaine Albers. Une fois, j'ai reçu chez moi, à Hoboken, près du vieux port, une lettre d'Allemagne "pour le Capitaine Albers, première maison en Amérique".

– J'ai moi aussi reçu une lettre d'Allemagne, dit à son tour un de nos voisins de table qui était affligé d'une timidité si maladive que même le son de sa voix le faisait rougir jusqu'aux oreilles. L'adresse était libellée en ces termes : "Hoboken, de l'autre côté des États-Unis". »

Le 21 novembre, pendant le déjeuner, quelqu'un cria que la terre était en vue. Les compagnons de Christophe Colomb montrèrent sans doute moins d'empressement en découvrant l'Amérique que les passagers qui se levèrent de table pour accourir sur le pont. J'observai moi-même ce pâle morceau de continent avec plus d'enthousiasme que s'il s'était agi du plus beau des paysages.

L'Angleterre venait à peine d'apparaître au loin que tout un tas d'individus aux visages blêmes et hébétés nous rejoignirent à l'extérieur. Je crus d'abord qu'il s'agissait d'inconnus qui venaient d'embarquer, mais c'était tout bonnement des New-Yorkais qui avaient profité de la traversée pour se retrancher du monde.

Ce soir-là, le dîner fut éblouissant. Le chef s'était surpassé en l'honneur des passagers qui descendaient à Southampton. Je ne connaissais personne à bord du *Vic-*

toria quand j'avais quitté New York sept jours plus tôt, mais je réalisais, à présent que je m'apprêtais à mettre pied à terre, qu'il allait m'être difficile de leur dire au revoir. Si j'avais voyagé accompagnée, je n'aurais certainement pas pris les choses autant à cœur car je n'aurais pas eu l'occasion de me lier à eux.

Ils s'étaient montrés si gentils avec moi que j'aurais été bien ingrate de ne pas les considérer comme des amis. Le capitaine Albers, qui avait servi de nombreuses années à bord d'un navire sillonnant les mers de l'Est, me prodigua ses derniers conseils pour prendre soin de ma santé durant mon voyage. À l'approche de mon départ de l'*Augusta Victoria*, certains me taquinèrent en me voyant toujours si déterminée à battre le record d'un personnage de roman ; je dissimulai mes craintes sous une feinte jovialité.

Les passagers veillèrent tard dans la nuit ; nous restâmes sur le pont à discuter et à flâner jusqu'à deux heures et demie du matin. Quand on annonça que le remorqueur était arrivé, nous accourûmes au parapet pour le voir approcher. Une fois qu'il fut attaché, nous descendîmes pour accueillir les nouveaux venus et recevoir des nouvelles de la terre ferme.

Un homme s'inquiétait que j'aille à Londres sans escorte. Comme il était terriblement tard, ou terriblement tôt, il craignait que le correspondant chargé de venir me chercher ne pointe pas le bout de son nez.

« Si personne ne se présente, je vous accompagnerai moi-même », déclara-t-il alors que je lui affirmai que je m'en sortirais parfaitement bien toute seule.

Pour le rassurer, je scrutai les gens qui montaient à bord du bateau à la recherche de mon homme. Plusieurs passaient devant nous en file indienne quand un gentleman mentionna mon voyage autour du monde.

Un grand jeune homme saisit la remarque au vol et, se retournant au pied de l'escalier, me dévisagea avec un sourire hésitant.

« Nellie Bly ?

– Oui », acquiesçai-je en lui tendant la main.

Il la serra chaleureusement puis me demanda si j'avais fait un agréable voyage et si mon bagage était prêt à être descendu.

Mon protecteur, jusqu'alors si inquiet de me voir partir seule, en profita pour papoter avec le correspondant. Après quoi il se tourna vers moi et déclara d'un ton satisfait : « Il est très bien. Si cela n'avait pas été le cas, j'aurais fait la route avec vous. À présent, je peux dormir sur mes deux oreilles, vous êtes entre de bonnes mains. »

Je partis revigorée par la gentillesse de cet inconnu qui n'aurait pas hésité à se sacrifier pour voler au secours d'une jeune femme sans défense.

Vinrent les poignées de main, les souhaits de bonne continuation, la gorge qui se serre, le cœur qui bat un peu plus fort, puis la descente au milieu des autres passagers en partance pour Londres. Le remorqueur put être détaché et nous disparûmes dans la nuit.

3

De Southampton à chez Jules Verne

« Mr et Mrs Jules Verne vous invitent à leur rendre visite, m'indiqua le correspondant de Londres tandis que nous nous frayions un chemin sur le pont.

– Oh, j'aimerais tant les rencontrer ! m'exclamai-je, avant d'ajouter dans un même souffle : N'est-ce pas un crève-cœur que d'être obligée de décliner ?

– Si sacrifier deux nuits de sommeil ne vous dérange pas, vous n'y serez pas forcée.

– Vrai ? Je ne risquerai pas de manquer une correspondance ? Pour le reste, je me moque bien de ne pas dormir.

– Tout dépend si nous réussissons à monter dans un train d'ici ce soir. Ceux du matin sont déjà partis et, à moins que soit prévu un train postal supplémentaire, nous n'aurons d'autre choix que de passer la nuit ici et de faire une croix sur cette visite. Attendons d'accoster, nous aviserons alors. »

La navette qui nous amenait sur le continent était d'un confort spartiate. La coque était notre seul refuge, mais elle était envahie de sacs postaux et de bagages éclairés par une lampe au globe noirci. Comme aucun siège n'avait été mis à notre disposition, nous restâmes à l'extérieur avec les autres passagers, tremblant de froid dans l'air humide et essayant de percer la brume grise afin d'oublier notre gêne.

Avec sa triste mine, le port était un havre idéal pour les bateaux au rebut. Je suivis silencieusement le correspondant jusqu'à un préau où plusieurs hommes, encore tout ensommeillés et portant des uniformes dans lesquels ils semblaient avoir passé la nuit, se tenaient derrière de longues tables basses.

« Où sont vos clés ? me demanda le correspondant tandis qu'il posait mon bagage devant l'un de ces inspecteurs au teint de papier mâché.

– Il est trop rempli pour pouvoir être fermé, répondis-je simplement.

– Vous nous assurez que vous n'avez ni tabac ni thé en votre possession ? demanda paresseusement le douanier à mon accompagnateur.

– Ne dites rien, lui glissai-je, puis me tournant vers le douanier : Ce sac m'appartient. »

Il sourit et, après avoir marqué à la craie mon bagage, nous libéra.

En passant par le bureau de douane, nous fûmes heureux d'apprendre qu'un wagon avait été attaché au train postal pour les passagers qui souhaitaient se rendre sans attendre à Londres. Nous montâmes donc immédiatement dans notre voiture afin de nous réchauffer.

Un porteur se chargea de mon bagage et un homme en uniforme ouvrit avec une énorme clef une porte percée sur le côté du wagon, et non à l'extrémité comme en Amérique. Je réussis tant bien que mal à escalader le large marchepied, me cognai l'orteil contre quelque bosse au sol et me frayai cahin-caha un chemin jusqu'à mon siège.

Après avoir donné ses instructions au porteur, mon

accompagnateur partit vérifier mon billet, ce qui me donna toute latitude pour étudier mon environnement. Le petit carré dans lequel j'étais installée ressemblait à la navette d'un hôtel, du moins n'était-il pas plus confortable. Deux banquettes de cuir rouge traversaient toute la voiture, la première adossée à la locomotive, la seconde à l'arrière du train. Il y avait une porte de chaque côté et une lampe minable à l'odeur nauséabonde. Je soulevai précautionneusement le tapis qui recouvrait la saillie sur laquelle j'avais buté un peu plus tôt, curieuse de découvrir ce qui était si important pour mériter une place si centrale. Je trouvai une simple barre de fer ; je remettais le tapis en place lorsqu'un bagagiste surgit devant moi et remplaça la barre par une autre identique. « Profitez du chauffe-pieds, Miss. » Je suivis son conseil sans poser de question.

Mon accompagnateur revint bientôt, suivi d'un homme chargé d'un grand panier qu'il posa devant nous. Le garde vint ensuite contrôler nos billets. Il colla une bande de papier sur la fenêtre, sur laquelle je déchiffrai « ÈVIЯꟼ », puis sortit en prenant soin de fermer la porte à clef derrière lui.

« Comment sortirons-nous si le train déraille ? demandai-je, très peu enthousiaste à l'idée d'être comme un animal en cage.

– Les trains anglais ne déraillent jamais, dit sereinement mon accompagnateur.

– Ils sont bien trop lents pour ça », répondis-je en manière de plaisanterie. Mon interlocuteur se contenta de me demander si j'avais faim.

Une feuille de journal posée sur nos genoux en guise de nappe, nous sortîmes les victuailles de notre panier et passâmes le trajet à manger en parlant de tout et de rien jusqu'à notre arrivée en gare de Londres.

Comme aucun train n'était attendu à cette heure, la gare de Waterloo était déserte. Le train s'immobilisa puis le garde vint nous libérer. Nos rares compagnons de voyage s'engouffraient déjà dans des taxis bringuebalants quand nous sortîmes sur le parvis. Je ne manquai pas de les saluer chaleureusement, puis je montai à mon tour dans un fiacre à quatre roues, m'asseyant en face du jeune homme anglais qui était venu nous chercher et nous apporter les dernières nouvelles.

J'ignore quelle heure il était ; si mes accompagnateurs ne m'avaient pas dit que c'était le matin, jamais je ne l'aurais deviné. De fantomatiques nappes de brouillard gris flottaient dans les airs. La brume m'enchante, elle prête une lumière douce à toutes choses qui, autrement, seraient communes et laides dans le jour nu.

« Comment trouvez-vous ces rues par rapport à celles de New York ? » Cette question rompit le silence qui régnait dans la cabine depuis notre départ de la gare.

« Pas vilaines », répondis-je d'un ton condescendant. J'avais beau avoir honte de nos affreuses artères, je n'aurais souffert aucune critique à leur égard.

Les deux hommes me montrèrent l'abbaye et le palais de Westminster, ainsi que la Tamise, que nous franchîmes un peu plus loin. J'avais l'impression de visiter la ville à vol d'oiseau. Beaucoup d'étrangers ont eu un aperçu aussi succinct de l'Amérique, ce qui ne les a pas empêchés d'écrire sur notre pays et nos mœurs.

Nous roulâmes ainsi jusqu'à l'antenne londonienne du *New York World*. J'y pris connaissance des câbles qui m'étaient adressés puis, suivant les instructions que contenait l'un d'eux, je me rendis à la légation américaine où un passeport devait m'être délivré.

Mr Cormick, le secrétaire de la légation, se présenta peu après notre arrivée. Une fois qu'il nous eut souhaité la bienvenue et m'eut félicitée d'avoir franchi avec succès la première étape de mon voyage, il s'assit pour se mettre au travail.

Il pria mon accompagnateur d'attendre dans un coin de la pièce car, déclara-t-il, il souhaitait me poser une question très personnelle. C'était la première fois que je demandais un passeport, aussi étais-je impatiente de connaître les secrets de cette procédure.

« Il y a une question que toutes les femmes redoutent, et à laquelle très peu répondent avec honnêteté. Je vous demanderai donc de jurer solennellement de me dire la vérité concernant votre âge.

– Mais très certainement, répondis-je en riant, je vous le dirai bien volontiers ; d'ailleurs, mon accompagnateur peut s'approcher.

– De quelle couleur sont vos yeux ? me demanda également le représentant.

– Ils sont verts, répondis-je machinalement.

Il sembla peu convaincu mais, après mûre réflexion, les deux hommes finirent par en convenir.

Quelques minutes plus tard, nous étions de nouveau plongés dans l'effervescence de la cité londonienne. Cette fois, nous gagnâmes les bureaux de la compagnie Peninsular & Oriental Steamship, où j'achetai les billets qui me permettraient de faire la moitié de mon voyage. Quelques instants plus tard, nous roulions au galop en direction de la gare de Charing Cross.

J'étais affamée, aussi, tandis que mon compagnon réglait notre cocher et achetait les billets de train, commandai-je la seule chose disponible au buffet, à savoir deux petits-déjeuners. Certes, il ne s'agissait que d'œufs, de bacon et de café, mais quel festin ! Malheureusement, nous étions attablés depuis peu quand nous entendîmes l'annonce du départ de notre train : je pris une dernière gorgée de café, courus sur le quai et sautai dans mon wagon.

Il n'existe de meilleur remède au monde qu'un copieux repas pour garder la santé. Cette tasse de café m'a sans doute épargné une migraine ce jour-là. J'avais grelotté de froid tout au long de notre rapide traversée de Londres, et la tête me tournait tant que je ne savais plus qui de la terre ou de mon cerveau frissonnait ou dansait la valse. Une fois confortablement installée dans le wagon, je pus me réchauffer et retrouver mes esprits.

Je finis par me laisser aller au doux roulis du train…

« Voyez comme la campagne est belle », déclara mon compagnon. Je songeai : Quand on n'a pas vu son lit depuis plus de vingt-quatre heures, un paysage ne vaut rien comparé à un petit somme. Je lui demandai, un peu agacée : « Vous ne feriez pas mieux de faire la sieste ? Cela fait un moment que vous n'avez pas fermé l'œil et vous risquez de veiller une bonne partie de la nuit, alors, vraiment, pour votre bien, vous feriez mieux de prendre un peu de repos.

– Et vous ? » demanda-t-il, moqueur.

J'étais effectivement debout depuis plus longtemps que lui.

« Je peux bien vous l'avouer, je disais un mot pour vous et deux pour moi, répondis-je en riant. Pour être tout à fait franche, la vue m'importe peu, ajoutai-je, toute contrite. Ces fermes anglaises sont effectivement charmantes et ces prairies fleuries de pâquerettes (y en avait-il seulement ?) n'ont d'égales que celles que j'ai pu voir au Kansas, maintenant si vous voulez bien m'excuser… » J'étais déjà en route pour le royaume qui communique avec celui de la mort.

Je dormais d'un sommeil paisible, rêvant de ma maison, quand le train s'arrêta dans une secousse.

« Nous prenons le bateau ici », indiqua mon accompagnateur en confiant nos bagages et nos plaids au bagagiste.

Nous arrivâmes rapidement au port. Quelques personnes débarquaient, mais la majorité des gens attendaient, immobiles, que le bateau s'éloigne.

Il faisait frisquet, seulement je préférais encore le pont à la cabine et son odeur de renfermé.

Tant de choses ont été dites à propos de la Manche que sa seule évocation vous fait dresser les cheveux sur la tête. Même les marins les plus endurcis voient leur vie défiler quand ils la traversent, par conséquent j'eus le sentiment que ma dernière heure était venue.

Je n'étais visiblement pas la seule à avoir eu vent de ces rumeurs ; les passagers faisaient tout ce qu'ils pouvaient pour parer un éventuel mal de mer : les femmes s'allongeaient et les hommes cherchaient la buvette.

J'observais pour ma part les mouettes voler, ou ce que je pensais être ces volatiles si prisés des chapeliers, et tant pis si j'avais le nez gelé. Je trouvai même ces températures revigorantes, jusqu'à ce que nous arrivions à Boulogne-sur-Mer. Là, je grelottais de la tête aux pieds.

Au bout de ce port désolé, où les bateaux jettent l'ancre et d'où partent les trains, se tient une modeste gargote. Tandis qu'un marin anglais, un homme de petite taille qui aspirait ses h et donnait du « Monsieur » à tout le monde, s'occupait de nos bagages et de nos billets, nous allâmes à la suite des autres voyageurs nous y restaurer d'un bon plat chaud.

À présent en France, je songeai à ce qu'il serait advenu de moi si j'avais été seule, ainsi que le prévoyait initialement mon plan. Je savais que mon compagnon parlait français, comme tous ceux qui nous entouraient à présent, par conséquent j'étais rassurée de le savoir à mes côtés.

Nous prîmes place à table et il passa commande, en français donc. Le serveur le regarda d'un air ahuri et, pour plaisanter, je lui suggérai de s'adresser à lui dans notre langue. Le serveur me décocha un sourire et répondit en anglais.

Nous fîmes le trajet en train de Boulogne à Amiens en compagnie d'un couple d'Anglais et d'un Français. Par ce grand froid, nous ne disposions que d'un seul chauffe-pieds. Nous voulions bien sûr tous en profiter, ce qui donna lieu à des situations embarrassantes. J'étais consciente d'écraser les orteils de quelqu'un et, comme le Français me foudroyait du regard par-dessus son journal, je compris, confuse, à qui ils appartenaient.

Je profitai du trajet pour sonder le mystère de la popularité de ces vieilles et inconfortables locomotives. J'arrivai rapidement à la conclusion que, si elles convenaient à des pays où il n'est pas besoin de beaucoup voyager, elles ne seraient d'aucune utilité dans des contrées au peuplement disparate dont les habitants pensent moins à couvrir des distances de cinq mille kilomètres qu'à assurer leur dîner. Nous autres Américains ne craignons pas de nous lancer dans de longs périples car notre confort est pris en compte : la première classe est aussi confortable que le plus luxueux des hôtels. Les trains anglais sont l'objet d'une haine tenace. Les pieds des passagers peuvent bien rôtir sur le chauffe-pieds, leur dos gèlera à cause des courants d'air. Je ne souhaite à personne de tomber malade dans un endroit pareil.

Pourtant, je vois bien quelles qualités l'on peut trouver à ces anciennes locomotives, mais elles ne sont pas assez nombreuses pour supporter la comparaison avec nos propres modèles.

En Angleterre, si un passager a la rougeole ou un œil au beurre noir, il est possible en guise de consolation de privatiser un compartiment en glissant un pourboire au bagagiste.

Si de jeunes mariés tout à la joie de leur union récente veulent échapper au regard sévère des autres passagers, alors un compartiment peut être là aussi privatisé. Il faut noter que ces mêmes voyageurs se seraient conduits tout aussi frivolement s'ils en avaient eu la chance.

Mais parler d'intimité ! Si c'est l'intimité que les Anglais recherchent avant tout, ils feraient mieux d'adopter les trains américains, car ces larges compartiments remplis d'étrangers en sont totalement dénués. Chez nous, une place est attribuée à chacun et il n'y a pas de banquette pour quatre, comme souvent dans les trains anglais où l'on voyage genoux contre genoux avec un complet étranger.

Enfin, je comprends pourquoi les jeunes filles anglaises ont besoin de chaperon. N'importe quelle Américaine farouchement indépendante bondirait à l'idée que sa fille puisse, même pour quelques heures, partager un compartiment avec un inconnu.

Il n'est pas étonnant que les jeunes Américaines soient intrépides. Elles n'ont jamais eu à monter dans un de ces compartiments soi-disant privés, mais en revanche elles se mêlent volontiers à la foule protectrice. Quand les mères enseigneront à leur progéniture qu'elle est en sécurité là où il y a du monde, alors les chaperons seront un souvenir du passé et les femmes auront tout à y gagner.

J'étais encore plongée dans mes réflexions quand notre train s'immobilisa. Mon accompagnateur jeta un coup d'œil par la fenêtre et m'annonça que nous étions arrivés à Amiens. Nous commencions à douter de pouvoir sortir un jour lorsque mon compagnon passa la tête par la fenêtre et appela le gardien à la rescousse. Enfin libérés, nous descendîmes sur le quai.

4

Chez Jules Verne

M. et Mme Jules Verne, ainsi que Mr R.H. Sherard, correspondant à Paris pour le *World*, nous attendaient sur le quai.

Quand je les aperçus, je m'interrogeai, comme toutes les femmes en pareilles circonstances, sur la fraîcheur de mon teint et la tenue de ma coiffure après un si long voyage. Je songeai que, si j'avais été à bord d'un train américain, j'aurais pu faire un brin de toilette et rencontrer le célèbre écrivain et sa charmante épouse aussi tirée à quatre épingles que si je les avais reçus chez moi.

Mais l'heure n'était pas aux regrets. Le couple vint à notre rencontre, et leur accueil chaleureux me fit oublier mon allure négligée. Le regard vif de Jules Verne rayonna sur moi avec bienveillance, et Mme Verne me salua comme si nous nous connaissions depuis toujours. Il n'y avait là rien de solennel, mais une franche cordialité exprimée avec tant de grâce que quelques minutes en leur compagnie leur suffirent à gagner mon amitié.

M. Verne nous conduisit à nos voitures. Son épouse marchait à mon côté, m'adressant de temps en temps un sourire, ce qui signifiait dans le langage commun aux hommes et aux animaux : « Je suis ravie de faire votre connaissance même si je regrette de ne pas pouvoir vous parler. » M. Verne nous aida à grimper à bord du coupé, puis il s'engouffra dans un autre avec nos deux accompagnateurs. Je n'étais pas très à l'aise à l'idée de faire le trajet seule avec Mme Verne car nous ne pouvions réellement discuter de rien.

Comme elle ne savait dire que « non » en anglais et moi « oui » en français, notre conversation se résuma à quelques sourires désolés que venait parfois ponctuer une pression sur la main. Mme Verne est une femme fort charmante, et même dans cette délicate situation elle fut parfaite en tous points.

Le soir commençait à tomber. Tandis que nous roulions à travers les rues d'Amiens, j'aperçus brièvement des magasins illuminés, un joli parc et de nombreuses nurses qui poussaient des landaus.

Quand notre coupé s'arrêta, je sortis et aidai Mme Verne à descendre. Nous attendîmes sur un large trottoir pavé, devant un haut mur de brique au-dessus duquel se dessinait la silhouette d'une maison.

M. Verne ne fut pas long à nous rejoindre. Il ouvrit une porte et je pénétrai dans une petite cour pavée autour de laquelle sa demeure formait un L.

Un gros chien noir au poil hirsute vint à notre rencontre. Il me sauta dessus, les yeux débordant d'affection. Mais j'avais beau aimer les chiens et apprécier cet accueil chaleureux, je craignis que cette démonstration d'amour ne me ridiculise en me forçant à m'agenouiller devant la maison de l'illustre Français. M. Verne dut percevoir ma détresse car il rappela à l'ordre la pauvre bête, qui s'éloigna la queue entre les jambes.

Nous montâmes une volée de marches en marbre jusqu'à un magnifique petit jardin d'hiver au sol carrelé qui possédait juste ce qu'il fallait de plantes pour que l'on puisse en apprécier la beauté. Mme Verne nous conduisit à une salle de séjour déjà sombre à cause de la nuit qui tombait tôt à cette époque de l'année. Elle approcha elle-même une allumette des bûches dans la grande cheminée.

M. Verne nous invita à nous mettre à l'aise. Nous eûmes à peine le temps de nous débarrasser de nos manteaux qu'un grand feu crépitait dans l'âtre, nous éclairant de sa douce lumière. Mme Verne m'indiqua un siège au coin de la cheminée, puis s'assit à son tour en face de moi. Revigorée par la chaleur, je balayai les lieux du regard.

La pièce était de belles dimensions. Les tableaux, les tentures et le tapis de velours, qui ne dévoilait qu'une bande de parquet ciré, offraient une somptueuse gamme de tons foncés. Sur le manteau de la cheminée au-dessus de Mme Verne, trônaient de délicats bronzes et, lorsque les flammes léchèrent une bûche de bois tendre en jetant des lueurs, je pus en voir un autre sur son piédestal dans un coin. Les sièges recouverts de brocart étaient extrêmement douillets. Ils formaient un demi-cercle autour du foyer, interrompu uniquement par un guéridon qui supportait plusieurs hauts candélabres d'argent.

Un chat angora se frotta contre mes jambes, puis, en apercevant sa charmante maîtresse, il alla se lover sur ses genoux, certain du bon accueil qu'il y recevrait.

À côté de moi, Mr Sherard était assis très en avant, presque sur le rebord de son siège. Ses épais cheveux blancs comme neige se dressaient sur sa tête dans un désordre artistique. Une barbe fournie, tout aussi blanche, lui dissimulait la moitié du visage. Ses yeux brillants surplombés de sourcils broussailleux, la vivacité de son élocution, les mouvements rapides de ses mains, dénotaient l'énergie – la vitalité – et l'enthousiasme.

Le correspondant de Londres était installé à côté de

Jules Verne. Un sourire sur ses lèvres rosées, Mme Verne caressait le félin de sa délicate main pâle tandis que ses yeux noirs et lumineux passaient alternativement de son mari à moi.

C'était le visage le plus charmant de notre compagnie. Imaginez une figure juvénile au teint parfait et aux traits délicats, auréolée de cheveux blancs soyeux et gracieusement posée sur des épaules arrondies. Ajoutez-y des lèvres rouges, de jolies dents, de grands yeux noirs ensorcelants, et vous n'aurez qu'un faible aperçu de sa beauté.

Elle avait ce soir-là une veste en peau de phoque que complétaient un manchon et un petit bonnet de velours noir. Une fois chez elle, je vis qu'elle portait en dessous une jupe de soie moirée drapée sur les côtés, qui seyait fort bien à sa silhouette potelée. Le corsage était de velours, noir lui aussi.

Autant que je puisse en juger, Mme Verne ne mesurait pas plus d'un mètre cinquante-cinq et M. Verne un mètre soixante-cinq. M. Verne s'exprimait en phrases brèves et rapides, tandis que Mr Sherard faisait l'interprète de sa belle voix traînante.

« M. Verne est-il déjà allé en Amérique ? demandai-je.

– Oui, une fois, traduisit Mr Sherard. Un séjour de quelques jours pendant lequel je suis allé voir les chutes du Niagara. J'aimerais y retourner, mais ma santé m'empêche aujourd'hui de faire de longs voyages. J'essaie de me tenir au courant de tout ce qui se passe chez vous et je prends beaucoup de plaisir à lire les centaines de lettres que m'adressent chaque année mes lecteurs américains. Il y a un homme en Californie qui m'écrit depuis des années. Il me donne de ses nouvelles, me parle de sa famille et de son pays comme si nous étions amis, pourtant nous ne nous sommes jamais rencontrés. Il m'a invité à venir le voir chez lui. Je ne souhaite rien tant que de visiter votre pays, depuis New York jusqu'à San Francisco.

– Comment vous est venue l'idée du *Tour du monde en quatre-vingts jours* ?

– En lisant le journal. Un matin, j'ai trouvé dans *Le Siècle* un article accompagné de savants calculs qui révélaient que le tour du monde pouvait être fait en quatre-vingts jours. L'idée m'a plu et, tandis que j'y réfléchissais, je me suis rendu compte que ces calculs ne prenaient pas en compte les méridiens. Réfléchissant à quel extraordinaire dénouement cela ferait pour un roman, je me suis mis au travail. Si cela n'avait pas été pour son dénouement, je n'aurais probablement jamais écrit ce livre.

« J'ai sillonné le globe à bord de mon yacht pour visiter différents endroits ; puis j'ai retranscrit mon expérience. À présent, depuis que des problèmes de santé me forcent à rester chez moi, j'en suis réduit à lire des récits de voyage et des livres de géographie. »

M. Verne me demanda quel était mon itinéraire et, comme j'étais très heureuse d'aborder avec lui ce sujet, je lui répondis bien volontiers.

« Je suis partie de New York, je suis passée par Londres puis Calais, et compte à présent traverser Brindisi, Port-Saïd, Ismaïlia, Suez, Aden, Colombo, Penang, Singapour, Hong Kong, Yokohama et San Francisco, avant de rentrer à New York.

– Pourquoi ne pas aller à Bombay, comme Phileas Fogg ? s'enquit M. Verne.

– Parce qu'il m'importe davantage de gagner du temps que de porter secours à une veuve éplorée.

– Qui sait ? Vous sauverez peut-être un jeune veuf », avança l'écrivain en souriant.

Je souris avec un air énigmatique, ainsi que le font toutes les femmes sans attaches face à de telles insinuations.

Je jetai un œil à ma montre et constatai qu'il nous restait peu de temps. Si je ratais l'unique train qui pouvait me ramener à Calais, il ne me resterait plus qu'à rentrer à New York par le chemin que j'avais emprunté à l'aller, car je prendrais une semaine de retard.

New York World, 8 décembre 1889

LE VOYAGE DE NELLIE BLY

Passages éclair en Angleterre, en France et en Italie jusqu'au port de Brindisi

---

UNE COURSE FOLLE CONTRE LA MONTRE !

Elle a dû attraper un bateau à vapeur qui avait une semaine d'avance sur elle

LE SOUTIEN AMICAL DE JULES VERNE

Des hommes robustes auraient eu mille occasions de se décourager, pourtant cette jeune Américaine affronte la fatigue et l'anxiété avec bonne humeur / Elle a traversé Londres en coup de vent / Elle se nourrit et dort à la va-vite dans le train / Tout le monde s'intéresse à elle et se porte volontaire pour l'aider à accélérer la cadence.
[Tracey Greaves, correspondant du *New York World* à Londres]

Londres, le 28 novembre.

Nellie Bly racontera bientôt elle-même son arrivée en Angleterre. Cet article ne cherche pas à anticiper son récit mais à retracer quelques événements intéressants que Miss Bly n'abordera probablement pas, pour la simple et bonne raison qu'elle ne les a pas vécus. Si elle se lançait dans une description de l'Angleterre, elle ne serait pas meilleure qu'un homme donnant un aperçu de Broadway après avoir été catapulté par pneumatique du Western Union Telegraph Building[1] au bureau de la rédaction du *World* sur la Vingt-troisième Rue. Nellie Bly a accosté à Southampton dans la nuit et a été bringuebalée à travers le brouillard londonien. Son premier rayon de soleil, elle l'a aperçu sur le pont du ferry à l'approche des côtes françaises.

L'*Augusta Victoria* avait pris du retard, ayant dû affronter des mers déchaînées et des vents contraires. Le navire a été vu au large de la péninsule de Lizard, dans le sud des Cornouailles, avant que je parte pour Southampton, mais c'était une information erronée. Quand je suis arrivé à Southampton, on m'a prévenu que l'*Augusta Victoria* avait passé le cap Lizard à 1 h 15 du matin le jeudi 21 novembre, soit sept jours pile après son départ de New York. Les choses sérieuses commencent : si le navire bat son précédent record de vitesse du cap Lizard au fort militaire Hurst Castle à l'entrée de l'estuaire du Solent, la globe-trotteuse du *World* arriverait à l'heure à Southampton pour prendre le train d'une heure du matin ce vendredi à destination de Londres et devrait bien avoir sa correspondance pour Amiens afin de rencontrer Jules Verne. Si elle rate ce train, elle n'aura plus qu'à prendre un train « spécial ». Il est bien moins simple d'affréter des trains spéciaux

1. Ce bâtiment situé au 195 Broadway à New York a été rasé en 1914.

en Angleterre qu'en Amérique. Il faut s'armer de courage et de patience pour gérer toutes sortes de paperasse. Avant de quitter Londres, j'ai rencontré Mr Verinder, le très courtois surintendant des chemins de fer de Londres et du Sud-Ouest du pays, et j'ai attiré son attention sur le voyage de Miss Bly. Il a immédiatement demandé à Mr Winchester, le chef de division à Southampton, d'avoir un train prêt à démarrer sur les chapeaux de roue lorsque la globe-trotteuse en aurait besoin. Mr Winchester était déjà sur place quand je suis arrivé à Southampton, et il s'est lui aussi beaucoup intéressé à cette aventure.

« N'ayez crainte, a-t-il déclaré, Miss Bly arrivera dans les temps à Londres… Enfin, si elle prend un cyclone en route ! »

L'Angleterre, enfin !

Les heures s'égrènent lentement jusqu'à minuit, heure à laquelle on reçoit un message stipulant que l'*Augusta Victoria* a été aperçu au large de Hurst Castle. Comme il est très tard, tous les passagers sont sur le pont, à la fois impatients de savoir si Nellie Bly attrapera sa correspondance et navrés de voir la jeune fille quitter le navire. Quand la passerelle est installée, Nellie Bly, sacoche en main, est fin prête. Ses compagnons de voyage l'entourent pour lui faire ses adieux. Des sacs postaux sont empilés contre la rampe d'accès puis transférés sur la navette en moins de dix minutes. Un coup de sifflet presque noyé sous les « Au revoir, Nellie » et les « Bonne chance », et c'est reparti ! Il est deux heures et demie du matin passées quand nous débarquons sur le quai du port de Southampton. Le train postal fait marche arrière depuis la gare pour venir nous chercher. Une dizaine de minutes plus tard, il file à toute allure vers Londres...

La conversation qui a eu lieu entre la voyageuse du *World* et Jules Verne dans son salon a déjà été mise sous presse. Mais j'ai eu le privilège de poursuivre la discussion avec le romancier pendant que Mme Verne montrait à Nellie Bly les quelques trésors de sa maison...

« Que pensez-vous du fait qu'une jeune fille veuille battre le record d'un personnage de roman ?

– C'est une idée extrêmement originale, a-t-il répondu, même pour des Américains. »

« Si M. Verne ne me juge pas trop indiscrète, j'aimerais voir son bureau avant de partir », dis-je enfin.

Il répondit que rien ne lui ferait plus plaisir. Mme Verne avait bondi sur ses pieds et allumé l'un des grands candélabres avant même que ma requête ait fini d'être traduite.

Elle nous montra le chemin, le pas aussi leste et sautillant que celui d'une jeune fille. M. Verne, qui marchait en boitant légèrement à cause d'une blessure, suivait son épouse tandis que nous fermions la marche. Nous traversâmes le jardin d'hiver jusqu'à une petite pièce où nous empruntâmes un escalier en colimaçon. Mme Verne s'arrêtait à chaque tournant pour allumer le gaz.

Au dernier étage, M. Verne nous guida le long d'un couloir de même dimension que le jardin d'hiver, Mme Verne continuant à s'arrêter pour allumer le gaz. Il ouvrit enfin une porte et je m'y engouffrai à sa suite.

J'eus le souffle coupé. Étant donné le reste de la demeure, je m'étais attendue à ce que le bureau de M. Verne soit une grande pièce meublée avec opulence. En lisant les descriptions de bureaux d'illustres auteurs, j'en étais venue à envier (l'espace est rare et affreusement cher à New York) les vastes salles de travail, les tables ouvragées ornées de coûteux bibelots, les gravures et les tableaux rares, les riches tentures. Je dois l'avouer, je songeais qu'il n'était pas étonnant qu'un tel environnement leur procure les songes qui leur apportent la gloire.

Mais en découvrant le bureau de M. Verne, je restai sans voix. Il ouvrit l'unique fenêtre à croisillons, et Mme Verne, se hâtant de nous rejoindre, alluma le bec de gaz accroché au-dessus d'une petite cheminée.

Meublée modestement, la pièce était presque aussi minuscule que mon propre espace de travail. Le bureau faisait face à la fenêtre. Était absente l'habituelle pile de feuilles qui encombre les bureaux des gens de lettres, et la corbeille souvent remplie à ras bord de ce que l'on considère d'ordinaire comme leur production la plus brillante ne contenait ici que quelques bouts de papier.

Sur la table était posée une petite pile bien nette de pages, probablement de format 20,3 x 25,4 cm, une partie d'un manuscrit sur lequel M. Verne est en ce moment même en train de travailler. J'acceptai avec avidité le manuscrit quand il me le tendit. Je déchiffrai sa belle écriture et, si je n'avais pas su qu'il s'agissait de prose, j'aurais pu croire que c'était là l'œuvre d'un poète. L'extrême méticulosité de cet auteur français a de quoi impressionner. Il avait rayé quelques phrases mais aucun blanc ne subsistait sur la page. Je devinais que M. Verne travaillait ses brouillons en supprimant les choses superficielles, non pas en en ajoutant.

Mis à part le manuscrit, un encrier et un porte-plume étaient ses uniques outils. Il n'y avait qu'une seule chaise, en plus d'une large méridienne dans un coin. Dans cette pièce nue, Jules Verne a écrit les livres qui lui ont permis de passer à la postérité.

Je me penchai au-dessus du bureau et regardai par la petite fenêtre entrouverte. Je pouvais voir dans le crépuscule le clocher d'une église, tandis que s'étendait en dessous de moi un parc, derrière lequel j'aperçus l'entrée d'un tunnel de chemin de fer qui disparaissait sous la maison des Verne. Beaucoup d'Américains l'empruntent pour se rendre à Paris.

La pièce voisine accueillait une impressionnante bibliothèque dont les murs étaient recouverts du sol au plafond de rayonnages. Je pus admirer derrière les parois vitrées de splendides ouvrages qui doivent coûter une fortune.

Tandis que nous examinions la richesse de la littérature qui se déployait sous nos yeux, M. Verne eut une idée. Prenant une bougie et me demandant de le suivre, il sortit dans le couloir, s'arrêta devant une grande carte suspendue et pointa du doigt plusieurs marques bleues. Avant même que ses paroles me fussent traduites, je compris qu'il y avait tracé le circuit de son héros, Phileas Fogg, bien avant qu'il lui fasse commencer son voyage autour du monde. Avec un stylo, il indiqua sur la carte, tandis que nous nous groupions autour de lui, les endroits où mon itinéraire différait de celui de son personnage.

Nous redescendîmes à contrecœur l'escalier en

colimaçon. Le temps était venu de faire mes adieux à ces êtres qui m'étaient déjà chers. De retour au rez-de-chaussée, nous trouvâmes du vin et des biscuits sur une petite table. M. Verne expliqua que, une fois n'était pas coutume, il souhaitait prendre un verre de vin afin de trinquer au succès de mon étrange entreprise.

Ils firent tinter leurs verres et me souhaitèrent « bonne route ».

« Si vous le faites en soixante-dix-neuf jours, je vous applaudirai des deux mains », annonça Jules Verne. Je compris alors qu'il doutait que je puisse faire ce voyage en soixante-quinze jours, comme je m'y étais engagée. Pour me faire plaisir, il s'efforça de parler anglais et lança, tandis que nos verres s'entrechoquaient : « *Good luck*, Nellie Bly. »

Mme Verne ne comptait pas être en reste. Elle dit à Mr Sherard qu'elle aurait aimé m'embrasser pour me dire au revoir, et quand il traduisit son aimable requête il ajouta que c'était un honneur qu'une Française demande à embrasser un étranger.

J'étais peu accoutumée à ce genre de formalité, ou de familiarité, c'est selon, mais je ne pensais pas un seul instant refuser une si délicate attention. Je lui tendis donc la main et inclinai la tête, car j'étais plus grande qu'elle, et elle posa un baiser affectueux sur chacune de mes joues. Puis elle me tendit son joli visage. Je réprimai une forte envie de l'embrasser sur la bouche – elle était si rouge et si douce – pour lui montrer comment on faisait en Amérique. Mon espièglerie fait généralement peu de cas de ma dignité, mais pour une fois je fus capable de me refréner et l'embrassai doucement comme il lui convenait.

Tête nue, et malgré nos protestations, ils nous suivirent dans la cour balayée par le vent et, d'aussi loin que pût porter mon regard, je les vis attendre sur le seuil de la porte, agitant la main, les bourrasques soulevant leurs cheveux blancs.

5

En route pour Brindisi

Quand M. et Mme Verne eurent disparu dans le lointain, je me concentrai de nouveau sur mon voyage, redoutant que la joie de cette visite n'ait compromis mon entreprise.

Le cocher avait reçu pour consigne de nous conduire prestement à la gare, pourtant nous avancions à une allure d'escargot. Je ne cessai de m'agiter que lorsqu'il fut rappelé à notre homme de se dépêcher.

Nous venions à peine d'arriver quand notre train entra en gare. Une fois que j'eus fait mes adieux à Mr Sherard, mon aventure put reprendre son cours et ma rencontre avec le couple Verne ne fut plus qu'un lointain souvenir. J'avais sacrifié de précieuses heures de sommeil et couvert une grande distance dans le seul but de les rencontrer, mais j'avais le sentiment que, si je voyageais autour du monde avec autant de plaisir, ces petits sacrifices ne seraient pas cher payés.

À ce que l'on racontait, le train qui nous ramena à Calais faisait la fierté de la France. Le train Club est construit sur le modèle des *vestibule-trains* américains[1].

1. Le premier *vestibule-train* américain date de 1887. Il s'agit d'un train de voyageurs dans lequel on peut passer d'un wagon à l'autre. Cette innovation a permi l'essor des lignes luxueuses pendant l'âge d'or du chemin de fer à la fin du XIXe siècle.

Ses wagons sont si étroits qu'on dirait des jouets à côté des nôtres.

Mais pourquoi ce nom ? Comme j'avais eu l'idée, folle il est vrai, que ce train transportait les membres d'un club, j'éprouvais une certaine réticence à voyager à bord d'un wagon exclusivement à l'usage des hommes. Cependant, la présence de femmes à son bord me rassura et, j'eus beau les interroger, j'appris seulement qu'il s'agissait du train le mieux équipé d'Europe.

Quelques femmes étaient certes installées dans ma voiture, mais les hommes s'y trouvaient en majorité. Quand nous eûmes quitté Amiens, un bagagiste nous annonça que le dîner serait servi dans le wagon de tête. Les passagers se levèrent d'un bloc pour s'y rendre. J'ai pensé depuis qu'il devait y avoir deux wagons-restaurants car le dîner, délicieux ma foi, fut servi à la manière d'une *table d'hôte**[1] et il me sembla que le chef avait eu à cœur de contenter les goûts de chacun.

Après le fromage et la salade, le café fut servi dans notre voiture-salon et les hommes purent fumer. Je trouvai cette pratique extrêmement plaisante, et sans doute aurions-nous fort à gagner de nous en inspirer, voire de l'adopter.

En arrivant à Calais, je découvris que j'avais un peu plus de deux heures devant moi. Le train à destination de Brindisi achemine du courrier. Il part de Londres chaque vendredi à huit heures du soir. La règle veut que les gens qui souhaitent le prendre achètent leurs billets vingt-quatre heures avant le départ. Lettres et passagers traversent la Manche, et le train quitte Calais à une heure trente du matin.

1. Les mots et expressions en italique suivis d'un astérisque sont en français dans le texte.

Calais n'est pas l'endroit le plus agréable pour tuer le temps. J'errai sur le port, observant le phare tournant qui est, paraît-il, l'un des plus sophistiqués au monde car la portée de son faisceau est plus longue que tout autre. Ses rayons semblaient si fins au-dessus de ma tête que je me mis à les esquiver. C'était bien sûr sot de ma part puisqu'ils sont loin d'être à ras du sol, mais ils transpercent l'espace entre le ciel et la terre comme les lignes d'une portée inachevée. Je me demande s'il arrive aux Calaisiens de voir la lune et les étoiles.

La gare se trouve presque au bout du port. Elle est de grande taille mais semblait, autant que j'en pus juger, déserte à cette heure avancée de la nuit. La petite promenade carrelée et abritée qui fait face au port doit être agréable aux passagers en transit.

Mon accompagnateur m'emmena manger quelque chose. Notre serveur parlait un peu anglais et nous comprenait fort bien. Quand le bateau en provenance d'Angleterre entra dans le port, nous sortîmes pour regarder débarquer les passagers chargés de paquets et de malles et se diriger vers le train qui attendait un peu plus loin. Un millier de sacs postaux furent rapidement transférés. Je dis alors adieu à mon accompagnateur et quittai Calais.

Il n'y avait qu'un seul wagon passagers, en fait un wagon-lit Pullman Palace qui peut accueillir jusqu'à vingt-deux personnes, soit vingt et un passagers en plus du gardien.

Le lendemain matin, à cours de distraction, je passai en revue mes compagnons de voyage. Je partageais le compartiment du fond avec une jolie Anglaise aux pommettes rosées et à la splendide chevelure châtaine aux reflets dorés. Elle accompagnait son père invalide en Égypte pour y passer l'hiver et le printemps. Comme c'était une lève-tôt, elle était déjà partie rejoindre son père lorsque je me réveillai.

Quand je libérai à mon tour les lieux pour laisser le bagagiste mettre un peu d'ordre dans notre compartiment, je fus frappée par l'étrangeté du décor. Tous les cadres de lit avaient été laissés en place, de sorte que l'espace semblait divisé en une série de petites boîtes. Certains passagers buvaient, d'autres jouaient aux cartes, tous fumaient dans une atmosphère suffocante. Je n'ai rien contre la fumée de cigare dans une pièce aérée mais, lorsqu'elle devient si épaisse que j'ai l'impression de respirer de la mélasse, je m'insurge… Ce que je fis en cette occasion. Je me demandai ce qu'il adviendrait de ce wagon Pullman dans notre pays où l'on se gargarise de liberté. Sans doute cette même liberté nous épargnerait-elle pareils tracas. Après tout, les femmes qui voyagent aux États-Unis bénéficient d'autant de considération que les hommes.

Je traversais le wagon en jetant un œil dans chacune des « petites boîtes » et c'était partout les mêmes individus aux visages fermés. À mi-parcours, j'aperçus ma camarade de chambre et son père. Elle me vit à son tour et m'invita à me joindre à eux.

Le père était un homme cultivé, doté d'un esprit ouvert et d'un solide sens de l'humour. Son heureux caractère rendait plus supportables les violentes quintes de toux qui le réduisaient au silence et secouaient sa frêle carrure comme s'il avait de la fièvre.

« Papa, dit la jeune Anglaise de sa voix cristalline, le pasteur t'a envoyé son grand livre de prières juste avant notre départ. Je l'ai rangé dans ton sac.

– Voyez comme ma fille est attentionnée, me dit-il, puis se tournant vers elle, les yeux pétillants de malice : Je t'en prie, retourne-le-lui avec mes compliments. Tu lui écriras qu'il n'aurait pas dû se donner tant de peine et que je suis navré de l'avoir privé de son livre si longtemps. »

À l'expression de la jeune fille, je compris qu'elle désapprouvait ces paroles et qu'elle n'avait nullement l'intention de se séparer du bréviaire. Elle en tenait elle-même un immense contre sa poitrine. Pour la taquiner, son père lui reprocha d'avoir acheté un si grand livre quand un plus petit aurait fait l'affaire et leur aurait évité un encombrement inutile, mais elle afficha un air inflexible. C'était l'être le plus charmant et le plus adorable qui soit, seulement elle faisait preuve de sévérité et d'intransigeance dans sa pratique religieuse, de celles qui ne pardonnent rien et condamnent le païen à la damnation éternelle.

Elle passa l'après-midi à tenter de faire germer la graine de sa foi dans mon esprit, et je l'écoutais en songeant à Catherine Elsmere[1], à qui elle ne pouvait davantage ressembler.

Le premier jour, la nourriture fut montée à bord à chaque arrêt et servie par le gardien lui-même. Un wagon-restaurant fut attaché le soir à la locomotive, mais une femme m'apprit qu'il n'était guère convenable de manger en compagnie d'hommes dans un lieu public. Par conséquent, nous continuâmes à prendre nos repas dans nos compartiments.

J'aurais certainement pris plus de plaisir à traverser la France si les fenêtres avaient été propres. Personne ne s'était visiblement donné la peine de les laver. Le

1. Personnage de *Robert Elsmere*, best-seller de Mary Augusta Ward, publié en 1888. Épouse du personnage principal, un clergyman qui perd la foi, Catherine Elsmere y incarne une figure extrêmement pieuse.

train s'arrêtait seulement pour être ravitaillé en charbon et en eau car il ne prend aucun voyageur entre Calais et Brindisi.

Au cours d'un après-midi, nous passâmes devant de hautes montagnes blanches de givre. Impossible de me réchauffer, même emmitouflée dans mon plaid. Nous atteignîmes Modène vers huit heures du matin. On annonça aux passagers qu'ils devraient ouvrir leurs malles sur le quai pour les soumettre au contrôle des douaniers. Le conducteur me demanda à plusieurs reprises si j'étais certaine de n'avoir que mon petit bagage à main et me prévint que toute malle fermée à clef finirait entre les mains des inspecteurs. Quand je lui eus assuré une bonne fois pour toutes que c'était là mon unique sac, il m'annonça que je ne serais pas obligée de sortir car personne ne jugerait nécessaire de le fouiller.

Trente minutes plus tard, nous franchîmes la frontière italienne. Je trépignais d'impatience à l'idée de découvrir cette contrée baignée de soleil et au climat si clément, mais j'eus beau presser mon visage contre la vitre, je ne vis que des ténèbres, et point de paysages radieux ou d'individus au teint hâlé. Je me mis au lit de bonne heure, sans malheureusement réussir à me réchauffer sous ma couverture. J'empilai tous mes vêtements sur la couchette et passai une bonne partie de la nuit à envier nos prédécesseurs. Des bandits italiens avaient attaqué ce train la semaine précédente et je songeai avec envie que, si les passagers avaient souffert eux aussi de leur maigre couverture, cette expérience avait au moins eu le mérite de leur fouetter le sang.

La première chose que je fis à mon réveil fut de remonter le store. J'eus un mouvement de recul, me demandant si, pour la première fois de ma vie, je ne m'étais pas levée trop tôt par inadvertance. Un épais brouillard gris ne me laissait rien voir de ce qui se trouvait à plus d'un mètre. Un coup d'œil à ma montre-bracelet m'indiqua qu'il était dix heures. Je m'habillai en hâte pour demander au gardien des explications.

« C'est tout à fait extraordinaire, dit-il. C'est bien la première fois que je vois une telle chose en Italie. »

Il n'y avait rien à faire, sinon compter les jours qui s'étaient écoulés depuis mon départ de New York puis les soustraire à l'objectif final. Quand cette activité devint trop monotone, j'imaginais de nouvelles tenues pour nos employés du rail. Lasse, je pestai contre leurs costumes bleu marine et trouvai un peu de réconfort en visualisant l'uniforme marron si bien coupé et rehaussé d'une touche de doré sur le col et les poignets qu'arborent le conducteur et le porteur du courrier indien…

Nous poursuivîmes notre traversée de l'Italie en longeant l'Adriatique. Le brouillard continuait à traîner sur la terre tel un énorme nuage, et en une seule occasion je réussis à entrevoir ces paysages dont j'avais tant entendu parler. C'était le soir et notre train était à l'arrêt. Au moment même où je sortis prendre l'air, la brume se leva un bref instant pour dévoiler une magnifique plage et une baie piquetée d'étranges bateaux aux voiles bigarrées semblables à d'énormes papillons plongeant à la recherche de nectar. La plupart des voiles étaient rouges et, quand le soleil les étreignit avec une ardeur redoublée avant de les abandonner à la nuit, elles parurent s'embraser.

Une haute montagne escarpée s'élevait derrière le train. J'eus le vertige en contemplant les petites maisons blanches perchées sur le versant qui tombait à pic. Une route serpentait jusqu'au sommet, séparée de l'océan par un muret, mais même cette protection n'aurait pas suffi à me rassurer.

Je descendis à nouveau du train pour le dîner. Je me dirigeai vers un restaurant qui m'avait alléchée. Mais, alors que je m'apprêtais à passer le seuil, une petite fille aux grands yeux noirs, de larges anneaux d'or aux oreilles, se jeta sur moi avec cette hardiesse propre aux enfants. Je caressai ses cheveux, noirs également, et fouillai instinctivement mes poches. Quand j'en retirai enfin une grosse pièce en cuivre – plus une pièce est grande, moins elle a de valeur –, un homme de petite taille aux traits ciselés et aux yeux noirs étincelants, vêtu d'une large tunique blanche rehaussée d'un diamant, surgit de nulle part et gronda la fillette. En la voyant faire un pas de côté, après avoir tendu sa menotte quelques instants plus tôt, je compris qu'il lui avait ordonné de ne rien accepter d'une étrangère.

J'étais sur le point de gifler ce malotru quand le gardien, parti à ma recherche, vint à notre rencontre.

« Vous l'avez insulté, me dit-il comme si je n'en avais pas conscience ! Les Italiens sont le peuple le plus pauvre et le plus fier au monde. Ils détestent les Anglais.

– Je suis américaine », le repris-je sèchement.

Sur ce, un serveur, qui se tenait non loin mais faisait mine de ne pas nous écouter, s'approcha et me parla en anglais. Je décidai de réparer mon erreur, même si je restai fermement convaincue que l'enfant aurait dû prendre la pièce de monnaie.

« Quel charmant restaurant ! m'exclamai-je. Je traverse en coup de vent l'Italie et, à en juger les délicieux mets que j'ai eu la chance de goûter *en route**, les restaurants italiens sont excellents. J'espère ne pas vous avoir mis dans une situation délicate. Votre établissement m'est totalement sorti de la tête quand j'ai vu cette adorable fillette. Regardez-moi ces yeux ! Elle les tient certainement de cet homme car, vu la ressemblance, il doit s'agir de son père, même s'il paraît très jeune. »

Le serveur sourit, hocha la tête et, de manière prévisible, traduisit mes propos. L'orgueil de l'Italien fondit comme neige au soleil, et un sourire illumina son visage renfrogné. Il lança quelques mots à la fillette qui vint me serrer la main. Je lui donnai la pièce pour enterrer la hache de guerre. Le père apporta alors une bouteille de vin qu'il me pria chaleureusement d'accepter. Pour ne pas être en reste, je commandai au serveur une autre bouteille, insistai pour la payer puis, avec force sourires et hochements de tête, nous nous quittâmes. Je courus alors à la suite du gardien et montai à bord du train quand le sifflet retentit.

Nous atteignîmes Brindisi avec deux heures de retard. Notre wagon fut aussitôt cerné d'individus qui proposèrent de transporter nos bagages jusqu'au port. Comme aucun d'eux ne mentionnait d'hôtel, je me demandai si Brindisi n'était qu'une ville de passage. Tous s'exprimaient dans un très bon anglais, mais le gardien déclara qu'il allait affréter un omnibus pour les femmes anglaises, l'homme invalide, sa fille et moi-même, et vérifier que nous n'avions pas plus de bagages qu'il n'était autorisé.

Nous fîmes un premier arrêt devant le paquebot à destination d'Alexandrie pour ma compagne de compartiment et son père, puis nous rendîmes directement à notre bateau.

Je descendis de l'omnibus et suivis les deux Anglaises jusqu'en haut de la passerelle. Je redoutai de rencontrer un de ces Anglais à la langue bien pendue – le plus tard serait le mieux ! Comme il était une heure du matin passée, j'espérai que tous les passagers seraient couchés pour avoir un peu de répit. Mais, en voyant le pont noir de monde, mes espoirs s'envolèrent. Ces hommes avaient certainement veillé tard dans le seul but de voir de nouveaux visages. Ils ont dû être bien déçus car, mis à part les hommes qui avaient embarqué, il n'y avait que deux robustes Anglaises et moi-même, banale et inintéressante au possible.

Les deux femmes étaient encore plus démunies. Comme nous nous trouvions parmi leurs compatriotes, je m'attendais à ce qu'elles prennent les devants. Mais alors que nous faisions le pied de grue en bas de l'escalier, dévisagées par la foule, et que personne ne s'était encore présenté pour nous offrir son aide – il ne fallait vraiment pas grand-chose pour nous combler – je me permis de leur demander si c'était ainsi que l'on accueillait habituellement les passagers sur les navires anglais.

« C'est étrange… très étrange. Un steward aurait déjà dû se manifester », m'offrirent-elles pour toute réponse.

Je hélai un homme qui descendait l'escalier et semblait appartenir à l'équipage. Serait-il possible qu'un steward nous conduise à nos cabines ? Il m'affirma qu'il devait y en avoir un dans les parages puis se mit à l'appeler à grands cris, en vain. Aussi, quand il partit à sa recherche, je pris la direction opposée…

Je posai mon sac dans un coin et décidai de retrouver le gardien qui devait m'accompagner au bureau du télégraphe. Au passage, je demandai au commissaire de bord si j'avais le temps de faire l'aller-retour. Il acquiesça en ajoutant : « Mais faites vite. » Les deux Anglaises avec qui j'avais voyagé depuis Calais avaient elles aussi trouvé le bureau du commissaire de bord. Je les entendis dire qu'elles étaient venues directement depuis chez elles et, dans la précipitation, avaient oublié leurs porte-monnaie et leurs tickets sur la table du séjour !

Je descendis la passerelle et marchais à la suite du gardien dans la ville sombre. Il s'arrêta enfin devant une porte ouverte qui donnait sur une pièce éclairée par une lampe au globe noir de suie et meublée de deux secrétaires. Sur l'un d'eux étaient posés une feuille blanche, un vieil encrier et un porte-plume qui avait dû beaucoup servir.

Songeant que les employés étaient partis se coucher, je me résignai à envoyer mon câble dans le prochain port, toutefois le gardien m'expliqua qu'il fallait sonner pour réveiller l'opérateur. Ni une ni deux, il appuya sur un bouton placé à côté d'une petite fenêtre de la taille d'un timbre-poste. Une cloche tinta et la fenêtre s'ouvrit dans un cliquetis : la tête d'un homme apparut dans l'entrebâillement. Le gardien s'adressa à lui en italien mais, en m'entendant parler anglais, l'opérateur me répondit dans ma langue.

Quand je lui dis que je souhaitais envoyer un câble à New York, il me demanda où cela se trouvait ! Je fis de mon mieux pour le lui expliquer ; il apporta ensuite un tas de livres, dans lesquels il chercha quelle ligne utiliser pour envoyer mon message ; une fois qu'il eut trouvé, il m'annonça le prix de la transmission. La scène me semblait si incongrue que j'en oubliai le départ imminent de mon bateau.

Quand le gardien et moi fûmes sortis, un sifflet retentit, long et menaçant. Nous échangeâmes un regard. Je ne pouvais voir son visage dans l'obscurité, mais je suis sûre qu'il était aussi désespéré que le mien. Mon cœur se figea et je songeai, terrifiée : mon bateau est parti et, avec lui, ma petite garde-robe.

« Pouvez-vous courir ? » demanda le gardien de sa voix rauque. Je répondis que oui. Il attrapa ma main fermement et nous descendîmes la rue à une vitesse qui aurait fait pâlir un daim. Nous détalâmes à travers la ville sous le regard ébahi des noctambules, jusqu'à l'angle dégagé d'une rue où je découvris que mon bateau était encore amarré. Celui pour Alexandrie était bien parti mais, pour ma part, je l'avais échappé belle.

6

Une riche héritière américaine

Je ne devais pas m'être assoupie depuis longtemps lorsque j'ouvris les yeux et me découvris sur mes deux jambes, à côté de ma couchette. Mon corps ruisselant, les bruits de frottements vigoureux provenant du pont : je compris sur-le-champ ce qui s'était passé. Je m'étais endormie en laissant ouvert le hublot au-dessus de ma couchette, et l'eau qui avait servi à récurer le pont m'avait amplement arrosée. Je réussis à fermer la lourde fenêtre puis me remis au lit, encore tout humide mais certaine que l'on ne m'y reprendrait plus.

J'avais à peine fermé l'œil qu'une voix demanda : « Miss, souhaiteriez-vous prendre le thé ? » J'ouvris les yeux : un steward se tenait sur le seuil de la cabine. Je déclinais son offre, tout comme la jeune Anglaise qui occupait l'autre couchette. Elle m'adressa un grand sourire, auquel je répondis par un sourire fatigué avant de me rendormir aussi sec.

« Miss, souhaiteriez-vous prendre un bain ? » Je levai un regard dégoûté vers un petit bout de femme à coiffe blanche penché sur moi. J'allais lui répondre que je venais d'en prendre un, une douche plus précisément, mais je maugréai : « Dans un instant », ou quelque chose dans ce goût là, puis retombai dans les bras de Morphée.

« Vous êtes bien paresseuse ! Vous pourrez faire une croix sur votre bain et votre petit-déjeuner si vous ne vous levez pas immédiatement. » L'impolitesse de cette remarque m'échauffa l'esprit et je songeai : Voilà qui est prodigieux, où suis-je tombée ? Serais-je revenue au pensionnat pour qu'on ose me parler comme ça ? Je rétorquai d'un ton sec : « Je me lève généralement quand j'en ai envie. »

Je remarquai que ma camarade de chambrée n'était plus là, mais j'étais décidée à me rendormir. Tant pis pour la stewardess !

« Miss, ce bateau est soumis tous les jours à l'inspection. Je dois m'occuper de cette cabine avant qu'ils arrivent, dit un steward d'une voix implorante. Le capitaine sera là d'une minute à l'autre. »

Forcée de me lever, je me frayai un chemin jusqu'à la salle de bains, où je m'aperçus que je ne savais pas faire fonctionner le robinet. Je demandai de l'aide à un steward qui passait dans le couloir et fus stupéfaite de l'entendre me répondre : « La stewardess est en pause, elle ne peut être dérangée pour le moment. »

Une fois habillée, je montais et appris que le petit-déjeuner n'était plus servi depuis longtemps. Je découvris à l'extérieur les passagers dans leurs costumes de bain qui se prélassaient ou flânaient sous les auvents, le velours bleu de l'océan qui gazouillait au contact du paquebot filant presque imperceptiblement, et je humais l'air parfumé, sucré comme les feuilles d'un rosier, un air qu'on ne respire généralement qu'en rêve. Au milieu de nulle part et en compagnie de tous ces étrangers, la vie était décidément bien douce !

Il me fallut moins d'une heure pour me trouver en bonne compagnie. J'avais d'abord pensé que les Anglais auraient fui une jeune femme voyageant seule, mais ma camarade de cabine m'aperçut avant que je ne fasse demi-tour et m'invita à me joindre à son groupe d'amis. Nous nous mîmes immédiatement en quête de la chaise longue que le gardien avait fait expédier sur le bateau à Brindisi. Il y avait plus de trois cents passagers, et peut-être autant de chaises ; je vous laisse donc imaginer la scène. Je cherchai de l'aide auprès des stewardess préposées au pont, mais on m'apprit, à mon grand étonnement, que la compagnie P&O n'en disposait pas.

Malgré ces petits tracas, nous coulâmes des jours heureux sur ces mers clémentes. Les ponts étaient tous les jours pris d'assaut jusqu'à l'extinction des lumières, et seulement alors les passagers regagnaient à contrecœur leurs cabines. Ils formaient un contraste saisissant : les individus les plus exquis côtoyaient des rustres de la pire espèce. La plupart des femmes que j'avais rencontrées voulaient tout connaître des Américaines dont elles admiraient l'esprit d'indépendance, certaines enviant même mon bonheur sans attaches. Deux brillantes Écossaises faisaient le tour du monde en deux ans. Une Irlandaise, dont le rire et le visage rivalisaient de douceur, se rendait seule en Australie. Ma camarade de cabine voyageait quant à elle à destination de la Nouvelle-Zélande, seulement elle était accompagnée de son frère, un charmant jeune homme qui me laissa sa place à table le premier soir malgré mes protestations.

La journée, les hommes jouaient au cricket et aux anneaux. À la nuit tombée, nous entonnions des chants ou nous descendions sur le pont de la seconde classe car la musique y était meilleure. Lorsque les chaises venaient à manquer, nous nous asseyions à même le sol – rien ne me mettait plus en joie que ces petites excursions. Une fillette au visage pâle et fin avait de loin nos préférences, même si aucun d'entre nous ne lui avait jamais parlé. Elle chantait d'une voix douce et mélancolique « Qui achètera mes harengs argentés ? ». Je crois bien que si elle en avait vendu, nous lui en aurions tous acheté. Le mieux que nous puissions faire était de reprendre avec elle le refrain à pleine voix.

J'aimais aussi m'installer au-dessus du pont où les marins prenaient leurs repas, écoutant l'étrange mélopée qui accompagnait leurs dîners au rythme d'un tam-tam. C'étaient des lascars assez communs. Si j'avais pu les voir aussi distinctement que je les entendais, ces moments auraient sans doute perdu de leur magie. Ces matelots étaient en effet les moins soignés qu'il m'ait été donné de rencontrer. Ils portaient une culotte de voile blanc et une longue tunique assortie, semblable aux chemises de nuit de nos grands-mères, la taille ceinte par un foulard de couleur, et étaient coiffés d'un turban, à savoir une écharpe de couleur vive d'un mètre quatre-vingts enroulée autour d'une couronne de paille. Leurs pieds bruns étaient toujours nus. Ils chantaient en hissant les voiles, mais la plupart du temps ils avaient un air sombre et impénétrable, et escaladaient le paquebot avec la dextérité des singes.

New York World, 30 novembre 1889

UN PARI GAGNANT

Celui qui devinera le temps exact mis par Nellie Bly

GAGNERA UN VOYAGE TOUS FRAIS PAYÉS EN EUROPE

Le concours suscite énormément d'intérêt / Tous les lecteurs du *Sunday World*[1] peuvent s'inscrire / Beaucoup de parieurs se creusent déjà la cervelle / Tout ce qu'il faut savoir sur le jeu se trouve dans cette rubrique / La sensation du jour.

Des milliers de personnes suivent maintenant Nellie Bly dans son voyage autour du monde. L'intérêt pour sa course avec le soleil augmente de jour en jour depuis que le *World* offre au gagnant du concours un voyage en première classe et tous frais payés en Europe avec au programme une semaine à Londres, une autre à Paris, et pourquoi pas une rapide visite de la ville historique de Rome. Le vainqueur sera celui qui devinera avec la plus grande exactitude le temps mis par notre globe-trotteuse pour boucler son tour du monde en jours, heures, minutes et secondes. Il devra envoyer à la rédaction du *World* son résultat sur le coupon prévu à cet effet dans l'édition du dimanche.

Le voyage de Nellie Bly est la sensation du jour. On se demande de quel bois est faite cette jeune femme qui s'en va faire le tour du monde avec seulement un

1. L'édition du dimanche du *New York World*.

petit sac et la robe qu'elle porte sur le dos. Elle fait voler en éclats le romantisme en rendant la réalité plus désirable que nos rêves. Ses admirateurs espèrent avec anxiété – le concours aidant fortement – que son entreprise sera couronnée de succès. Tout le monde peut tenter sa chance. Il vous suffit de noter votre prédiction dans l'encart du *Sunday World*. Attention : vous n'avez le droit qu'à une seule réponse. Vous pouvez cependant tenter plusieurs fois votre chance en achetant autant d'exemplaires du journal que vous aurez de réponses. Les participants peuvent s'aider des fiches d'horaires des transports empruntés par Nellie Bly. L'encart sera imprimé demain dans le *Sunday World*.

Je n'étais à bord du *Victoria* que depuis quelques jours quand une personne de notre groupe m'apprit qu'il se disait sur le bateau que j'étais une riche héritière excentrique qui voyageait avec une brosse à cheveux et un livret de banque. J'en conclus que l'attention que l'on me portait était en partie due à ma supposée fortune. Je jugeai préférable de démentir cette rumeur lorsqu'un jeune homme m'accosta pour m'annoncer que j'étais son genre de fille et qu'il cherchait une épouse capable de lui assurer un revenu de mille livres par an – son frère allait être le seul héritier du titre et de la fortune de leur famille.

Je fis la connaissance d'un autre jeune homme dont la singularité éveilla mon attention. Il m'expliqua qu'il n'avait cessé de sillonner le monde depuis ses neuf ans et qu'il avait renoncé au mariage et à l'amour pour la simple et bonne raison qu'aucune femme ne savait voyager léger. Ayant remarqué qu'il portait un soin extrême à sa mise et qu'il ne se changeait pas moins de trois fois par jour, j'osai lui demander combien de malles il avait emporté. « Dix-neuf », répondit-il.

Je compris mieux ses craintes.

7

« De jolis yeux noirs »

Le *Victoria* jeta l'ancre à Port-Saïd dans l'après-midi. Nous étions tous sur le pont, impatients de voir le continent et, même si nous n'aperçûmes rien d'autre qu'une grande plage de sable et deux banales maisons blanches à arcades, notre désir de fouler la terre ne faiblit pas. Il n'en aurait pas été autrement si Port-Saïd avait été l'endroit le plus affreux au monde. Nous éprouvions tous une certaine lassitude à être sur le bateau, même si chacun de nous l'aurait farouchement nié. Nous accueillîmes donc gaiement ce changement d'horizon avec son lot de nouveaux visages. Les marins se pressaient également pour ravitailler le bateau en charbon. Je ne connais pas plus grand calvaire que d'être coincé sur un navire pendant le ravitaillement en charbon.

Les hommes s'armèrent de cannes et les femmes d'ombrelles afin, m'expliquèrent-ils, de tenir les mendiants à distance. Je ne possédais ni l'une ni l'autre et déclinai toute proposition d'y remédier. Je tenais à mon idée, probablement erronée, qu'un bâton fait ressortir la bassesse de celui qui le brandit, plutôt qu'il ne la maintient à distance.

L'ancre venait à peine d'être jetée que des embarcations rayonnèrent dans toutes les directions autour de notre navire, barrées par des Arabes à moitié nus qui se battaient, se saisissaient au collet, s'invectivaient pour être les premiers à nous conduire au rivage. De toute ma vie, je n'ai jamais assisté à une telle foire d'empoigne pour quelques pence. Certains n'hésitèrent pas à jeter leurs rivaux à l'eau. Lorsque l'échelle fut abaissée, ils l'attrapèrent et la gravirent comme si leur vie en dépendait, s'y accrochant jusqu'à ce que le capitaine n'ait d'autre choix que de commander à son équipage de les repousser avec de longues perches. À la vue de cet épouvantable spectacle, je compris qu'il y avait quelques raisons à s'armer d'un bâton.

Notre groupe fut l'un des premiers à descendre l'échelle. Nous voulions accoster ensemble mais, quand nous prîmes place sur l'un des esquifs, des passagers furent littéralement tirés par des bateliers concurrents dans d'autres embarcations. Les voyageurs firent un usage vigoureux de leur canne, en vain. Même si je pensais que la conduite des Arabes le justifiait, je ne pus m'empêcher de me désoler de ce brutal traitement infligé à ces pauvres hères à la peau noire. J'étais également époustouflée par leur détermination : ils se recroquevillaient sous les coups mais tenaient bon. Une fois notre groupe dispersé, il ne nous restait plus qu'à nous retrouver sur le rivage. À mi-chemin, les bateliers s'arrêtèrent et exigèrent avec véhémence d'être payés illico. Au milieu de l'eau, nous étions complètement à leur merci. L'un d'eux me dit que l'expérience lui avait appris au prix fort que, quand il conduisait un Anglais sur la terre ferme, il ne recevait que des coups de bâton pour tout salaire.

Arrivée sur la plage, mes chevilles s'enfonçant profondément dans le sable à chaque pas, je me dirigeai avec mes compagnons vers la rue principale de la ville. Presque aussitôt nous fûmes encerclés par de jeunes garçons qui nous exhortèrent à faire un tour à dos d'âne. Il y avait des montures de toutes couleurs et de toutes tailles, et les garçons criaient d'un ton suppliant : « Voici Gladstone[1] ! Vous pouvez le monter. Voyez comme il a de jolis yeux noirs. »

Leurs voix étaient si plaintives que ces « jolis yeux noirs » rendaient les canassons irrésistibles.

Si l'on était d'un autre bord politique et que l'on refusait de monter Gladstone, on pouvait toujours choisir un âne du nom d'une célébrité : il y avait Mrs Maybrick, Mary Anderson, Lillie Langtry[2], et les hommes les plus fameux de notre temps.

J'avais déjà eu affaire à ces bêtes lors de mon séjour à Mexico, mais les balades en âne étaient une découverte pour beaucoup de passagers. C'est ainsi qu'ils s'engagèrent dans la vieille ville endormie, cahotant, riant, criant, rebondissant comme des balles en caoutchouc sur leur selle, tandis que les garçons guidaient les animaux à l'aide de badines.

Une cinquantaine de personnes se mit en route de cette joyeuse manière, alors qu'une poignée d'entre nous se rendit dans une maison de jeu. Nous nous y amusâmes comme des petits fous à placer notre or anglais sur des chiffres et des couleurs, attendant impatiemment que la roue tourne. Je crois qu'aucun de nous ne connaissait les règles, mais nous posions notre argent hardiment sur la table et rions de le voir aussitôt empoché.

1. William Ewart Gladstone (1809-1898) est un homme politique britannique qui fut plusieurs fois Premier ministre.

2. Trois femmes qui ont défrayé la chronique en leur temps : une empoisonneuse (graciée par la reine Victoria), une entrepreneuse américaine qui inventera plus tard l'essuie-glace, et une comédienne britannique très populaire célèbre pour ses nombreuses conquêtes.

Lorsqu'un orchestre de charmantes jeunes femmes, l'autre attraction du lieu, monta sur scène, les hommes s'empressèrent de quitter la table de jeu.

Plus nous restions dans cette maison, moins il nous restait d'argent pour rapporter quelques souvenirs de Port-Saïd. J'avais débarqué dans la ville en me promettant de ne pas dépenser un sou afin de ne pas grossir mon bagage. Je résistai ainsi aux dentelles vendues à prix imbattables, aux étranges bibelots égyptiens, et réussis à me satisfaire d'un chapeau, souvenir très prisé des touristes, et du turban qui l'accompagnait, comme il est de coutume en Orient.

Une fois ces achats promptement réalisés, je flânai avec mes amis, me délectant du spectacle qu'offrait ce peuple singulier. Je découvris de vieilles maisons aux façades en bois sculpté, qui auraient valu une fortune aux États-Unis. Ici, elles abritaient des indigents. Les autochtones étaient manifestement habitués à voir des étrangers car nous n'intéressions que ceux qui souhaitaient tirer profit de notre venue. Nous ne fûmes jamais malmenés, personne n'eut à brandir sa canne. Nous croisâmes sur le chemin un grand nombre de mendiants qui, sans surprise, s'approchèrent en gémissant pour tendre la main, mais ils ne furent pas pénibles au point de mériter des coups plutôt que des aumônes. Ils étaient si pauvres qu'au lieu que ma compassion s'éveille, comme c'est généralement le cas, mon cœur se durcit. Ils semblaient nous jeter leurs difformités au visage pour que nous les chassions une bonne fois pour toutes de notre vue en leur donnant de l'argent.

Tandis que je contemplais une file de chameaux qui s'avançait lestés d'un chargement de bois, j'aperçus un groupe d'Égyptiennes.

Elles étaient de petite taille et vêtues de larges tuniques

noires. Sous leurs yeux, un long voile noir leur tombait jusqu'aux genoux. Comme si elles craignaient que cela ne suffise pas, un tissu leur couvrait également le front. Il pouvait être doré ou d'une étoffe noire quelconque. L'une d'elles tenait un bébé nu dans ses bras. Il reposait sur sa hanche, ses courtes jambes brunes accrochées à sa taille comme s'il escaladait un mât.

Sur la plage, nous rencontrâmes des hommes rassemblés autour d'un alligator qu'ils venaient d'attraper. L'animal était immobilisé par une corde nouée en plusieurs endroits sur laquelle tiraient six hommes noirs. Les porteurs d'eau publics effectuaient leur dernier voyage de la journée, une gourde en peau de chèvre toute boursouflée placée dans leurs dos.

La nuit tomba sans crier gare, nous forçant à retourner précipitamment au *Victoria*. Cette fois, les bateliers nous interdirent de poser un pied dans leurs embarcations tant que nous ne les payions pas. Le tarif avait doublé par rapport à celui de l'aller. En dépit de nos protestations, ils déclarèrent que les prix augmentaient après le coucher du soleil.

Le ravitaillement en charbon touchait à sa fin quand nous embarquâmes, mais nous assistâmes à des scènes inoubliables : des torches vacillantes et suintantes au bout de longs bâtons éclairaient une foule d'hommes nus, empressés, bousculés, s'échinant à porter de la barge au bateau de lourds sacs le long d'une passerelle escarpée. Le bruit était ahurissant : tous hurlaient ce qui leur passait par la tête.

Le lendemain matin, je me levai plus tôt qu'à l'accoutumée car je ne voulais pour rien au monde manquer le célèbre canal de Suez. Je gagnai rapidement le pont : nous voguions au milieu de hautes berges sablonneuses sur ce qui ressemblait à une immense cuvette.

Nous avancions au ralenti sous une chaleur accablante. J'appris qu'il était interdit par la loi de naviguer sur le canal à une vitesse excédant cinq nœuds à l'heure, parce qu'un passage rapide provoquerait un courant qui éroderait les rives. Un gentleman, qui avait voyagé la plus grande partie de sa vie, nous aida à passer les heures ennuyeuses et suffocantes de notre traversée en nous retraçant l'histoire du canal.

Commencés en 1859, les travaux ont pris dix ans. On estime qu'ils ont coûté 18 250 000 livres, même si les pauvres Noirs employés comme main-d'œuvre ont travaillé pour presque rien. Les vies de cent mille ouvriers ont été sacrifiées dans la construction de ce canal, qui mesure « seulement » cent soixante kilomètres, cent quarante à vol d'oiseau.

Une fois achevé, le canal mesurait environ quatre-vingt-dix mètres de large, mais l'épaississement constant de ses berges l'a réduit de trente mètres. Son fond mesure vingt et un mètres de large et sa profondeur est de huit mètres. Il faut compter entre vingt et vingt-quatre heures pour rejoindre la mer Rouge.

Aux alentours de midi, nous jetâmes l'ancre dans la baie face à Ismaïlia. Tandis que de nouveaux passagers embarquaient, nous pûmes visiter le palais du Khédive, bâti en retrait de la plage au cœur d'une forêt luxuriante. Puis nous reprîmes notre trajet le long du canal. L'environnement était morne. Les sémaphores, seuls points verts que rencontraient nos yeux, témoignaient de ce que l'homme peut accomplir, même dans le désert, pour peu qu'il y consacre suffisamment d'énergie et de ressources.

L'unique spectacle qui venait égayer notre parcours était l'apparition fréquente d'Arabes nus, courant le long des berges en criant : « Bakchich ! » Nous l'avions compris, ce mot signifie « argent », et de nombreux généreux voyageurs leur en lancèrent. Mais les mendiants semblaient ne jamais le trouver, aussi continuaient-ils à crier « Bakchich ! » jusqu'à l'épuisement.

Nous dépassâmes plusieurs autres bateaux. Les passagers hélaient les touristes, mais la conversation se limitait le plus souvent à les interroger sur leur voyage. À un endroit du canal, nous vîmes un groupe d'hommes et de femmes au travail. Parmi eux se traînaient des chameaux chargés des pierres qui devaient servir à renforcer les berges.

Au tomber de la nuit, on alluma une ampoule à la proue du bateau, grâce à laquelle il put continuer à voguer. Avant l'introduction des lumières électriques, les navires n'avaient d'autre choix que de rester amarrés jusqu'au petit matin pour ne pas risquer de foncer dans les berges. En plus de ralentir la traversée, cet arrêt forcé augmentait considérablement l'inconfort des passagers. En effet, tout mouvement du bateau, même lent, permettait d'atténuer la chaleur qui semblait émaner des berges sablonneuses. Il faisait tout aussi chaud la nuit que sous un soleil de plomb dans un ciel sans nuage.

Alors que notre périple touchait à sa fin, nous aperçûmes plusieurs campements arabes. Nous distinguâmes un faible feu rougeoyant, puis des silhouettes d'hommes et de chameaux au repos. De la musique s'échappait d'un des campements, et dans un autre des gens s'activaient autour du feu pour préparer le repas ou restaient accroupis près des flammes au milieu de leurs bêtes.

Nous atteignîmes bientôt la baie de Suez. D'emblée apparurent des embarcations qui, dans la pénombre et avec leurs voiles blanches, me firent penser à des papillons de nuit attirés par la lumière. Elles étaient chargées de fruits, de photographies et de coquillages aux formes étranges. Les marchands montèrent à bord ; parmi eux se trouvaient quelques baladins. Les passagers prêtèrent peu d'attention aux vendeurs ambulants, car tous désiraient voir les artistes en action. L'un d'eux était un Noir seulement vêtu d'une écharpe, d'un turban et d'un sarouel, dont la doublure servait de refuge à deux lézards et un lapin nain. Il prit plaisir à nous divertir et récolta son dû avec autant d'allégresse. Il refusa néanmoins d'exhiber ses petits compagnons, préférant exécuter un tour avec un mouchoir et des bracelets. Je fus désignée dans le public pour l'assister. Il tint d'abord devant nous le mouchoir, qu'il avait au préalable secoué pour montrer qu'il ne cachait rien. Il dévoila ensuite un petit bracelet de cuivre qu'il plaça dans le mouchoir. Il posa le mouchoir dans ma main, en me recommandant de le tenir fermement. J'obéis, sentant les contours du bijou dans ma paume. Un souffle sur ma main, puis il reprit le mouchoir et le secoua. À la surprise générale, le bracelet avait disparu ! Entre-temps, des passagers avaient subtilisé le lapin et l'un des lézards s'était caché dans un coin. Peiné de la perte de ses deux compagnons, le magicien refusa de poursuivre son spectacle. Un jeune homme sortit finalement le lapin de sa poche et le rendit au Noir, qui retrouva le sourire. Mais il quitta le bateau sans son lézard. Après son départ, on vint me demander si je savais comment avait été réalisé le numéro. Je leur expliquai qu'il s'agissait d'un tour vieux comme le monde : l'homme avait cousu un bracelet dans le mouchoir et avait discrètement dissimulé l'autre bracelet qu'il nous avait exposé. La personne qui gardait le mouchoir tenait le bracelet mais, quand le magicien reprenait ce mouchoir et le secouait, le bijou cousu au mouchoir ne tombait pas au sol. Comme il exhibait le mouchoir vide en gardant le bracelet tourné vers lui, le public n'y voyait que du feu. Un Anglais s'indigna et voulut savoir pourquoi, si je connaissais le subterfuge, je n'avais pas confronté le Noir. Je répondis simplement, à son grand courroux, qu'il ne me dérangeait pas que le magicien gagnât sa vie.

Nous jetâmes l'ancre peu après. Certains soutinrent que c'était là, à cet endroit de la baie de Suez, que les Hébreux avaient traversé la mer Rouge. Des passagers passionnés d'histoire allèrent acheter des souvenirs sur la rive, ce qui montre qu'aujourd'hui encore on peut circuler dans la baie sans se soucier de la marée et sans craindre pour ses jours. Quand nous nous réveillâmes le lendemain, la terre avait disparu et nous voguions sur la mer Rouge. Malgré la chaleur accablante, certains voyageurs s'efforçaient d'animer nos journées. Un soir, de jeunes hommes donnèrent un spectacle de ménestrel[1]. Ils déployèrent autant d'énergie dans la préparation que dans l'exécution de leurs numéros : une extrémité du pont avait été réquisitionnée, un podium y fut monté et la zone fut entièrement protégée des regards par des pans de tissus. Les rideaux verts utilisés pour l'office religieux servirent de rideaux de scène.

Les jeunes garçons interprétèrent leurs rôles de manière très honorable mais, comme l'air était particulièrement étouffant cette nuit-là et que, dans ce lieu clos, les passagers souffraient plus de la chaleur qu'à l'accoutumée, il fut difficile de les captiver. Pendant l'entracte, nous nous retirâmes tous dans la salle de restaurant pour nous régaler de punch et de biscuits. Les

1. Les *minstrel shows* sont des spectacles de variété très en vogue au XIXe siècle dans lesquels des personnages noirs, d'abord intrerprétés par des acteurs blancs aux visages noircis puis par des Noirs, dansent, chantent et jouent la comédie.

acteurs apprécièrent ces rafraîchissements plus que tout autre, leurs visages noirs striés par les gouttes de sueur.

Nous passions principalement nos journées à nous prélasser dans nos fauteuils sur le pont. Personne ne savourait ce confort plus que moi. J'avais troqué mon corset contre un corsage de soie, et je me sentais à l'aise, détendue, savourant chaque instant de ma paresse. À l'heure du dîner, nous voyions quelques dames partir en hâte se changer ; elles revenaient peu après en robe longue, avec décolleté et traîne, au grand amusement de certains passagers qui affirmaient que ce n'était certainement pas une tenue à porter au milieu de l'océan.

J'enviais les tuniques de lin blanc que revêtaient les Orientaux pour le dîner, car elles étaient non seulement confortables et appropriées, mais aussi très seyantes.

Sur un bateau, les hommes s'amusent souvent davantage que les femmes. À bord du *Victoria*, ils ne risquaient pas de s'ennuyer : cricket (très prisé), jeu du palet, fumoir (lieu de nombreux jeux d'argent) et, tard dans la soirée, une heure ou plus passée dans un sombre recoin du pont à conter ou à se laisser conter fleurette par le sexe opposé… Ce repos forcé était pour eux des plus agréables.

Les nuits sur la mer Rouge étaient si chaudes que les hommes fuyaient leurs cabines pour dormir à la belle étoile. La coutume veut que ce soit les femmes qui dorment sur le pont, dont une partie, dans ces circonstances exceptionnelles, est réservée aux hommes. Pendant ce voyage, aucune femme n'eut le courage de montrer l'exemple, aussi les hommes eurent-ils le pont pour eux seuls.

Par conséquent, les femmes se levaient à l'aube pour profiter de la fraîcheur du pont avant que le soleil ne recommence à darder ses rayons. À ces heures, l'on voyait généralement les hommes se promener en pyjama, mais je n'entendis s'élever aucune objection avant que le capitaine annonçât, au grand désarroi des femmes, que le pont était réservé aux hommes jusqu'à huit heures du matin et qu'on attendait des dames qu'elles restent dans leurs cabines.

Juste avant d'atteindre Aden, nous dépassâmes une chaîne de montagnes brunes, connue sous le nom des Douze-Apôtres. Puis Aden apparut, colossale montagne nue, mais même avec des jumelles nous n'étions pas en mesure de dire si elle était habitée. Il était un peu plus de onze heures quand nous jetâmes l'ancre dans la baie. Notre navire fut encore une fois pris d'assaut par les embarcations des vendeurs ambulants et les impressionnants plongeurs orientaux dont on m'avait tant parlé.

Les officiers nous avaient conseillé de ne pas nous rendre à Aden, véritable fournaise. Les femmes restèrent donc à bord à marchander avec des marchands juifs qui vendaient des boas en plume et des plumes d'autruche. Les hommes se vantaient de les aider à négocier les prix, mais ils étaient bien plus souvent à l'avantage du vendeur que de leurs épouses.

En compagnie de mes compagnons les plus intrépides, je décidai de braver la chaleur et de découvrir ce qu'Aden avait à offrir.

8

D'Aden à Colombo

À bord d'un grand bateau, je rejoignis le rivage avec une demi-douzaine de compagnons qui, comme moi, se sentaient de taille à affronter le soleil. Les quatre rameurs étaient des Noirs aux membres fins et musclés, qui faisaient montre d'un inépuisable sens de l'humour. Ils avaient, comme tous les habitants d'Aden, des dents extrêmement blanches. Était-ce grâce au soin qu'ils prenaient d'eux-mêmes et à leurs méthodes singulières ? De certains endroits – impossible de dire où précisément puisque je n'ai rien vu qui pousse à Aden –, ils arrachent des branches d'un bois doux et fibreux qu'ils détaillent en tronçons mesurant sept à dix centimètres. Avec l'extrémité d'un de ces bâtons, débarrassé de son écorce, ils frottent leurs dents, qui se révèlent peu après parfaitement blanches. Le bois est réduit à une simple pulpe mais, comme douze de ces morceaux ne sont vendus qu'un penny, on peut se permettre de les jeter après utilisation. Mais rien n'interdit de s'en servir plusieurs fois. J'en achetai quelques-uns, et ils sont en effet plus efficaces et agréables qu'une brosse à dents. Il est fort regrettable qu'aucune entreprise n'ait eu l'idée d'en importer en Amérique pour remplacer ces brosses qui nous blessent si souvent les gencives.

Le propriétaire du bateau qui nous conduisait au rivage était un petit homme aux jambes noueuses. On aurait dit des harengs séchés tant elles étaient noires, sèches et plates. Il portait à son cou des colliers entortillés de perles noires, dorées et argentées, qui recouvraient sa poitrine nue. Sa taille était ceinte d'une écharpe bariolée et ses pieds et ses poignets couverts de joncs, tandis que ses doigts et ses orteils semblaient concourir pour le plus grand nombre de bagues. Il parlait un anglais fort correct et, lorsque je lui demandai effrontément combien il avait d'enfants, il me répondit qu'il avait trois épouses qui lui avaient donné onze enfants, un nombre, ajouta-t-il pieusement, qu'il espérait accroître par la grâce de sa foi.

Ses cheveux étaient presque jaunes, ce qui, en plus de sa tenue légère, lui donnait une allure des plus étranges. Ses cheveux clairs et sa peau noire formaient un contraste plus saisissant encore que les cheveux blonds et les yeux noirs qui firent sensation en Amérique il y a quelques années mais dont l'originalité s'est fortement émoussée depuis. Les cheveux des bateliers étaient plaqués sur leur crâne et recouverts d'une fine couche de pulpe de citron. Je fus très intriguée, jusqu'à ce que le propriétaire m'explique que c'était ainsi que les hommes d'Aden blondissaient : ils s'enduisaient le crâne de citron et, au fil des jours, exposées au soleil et à l'eau salée, leurs chevelures prenaient des teintes claires ou rousses. Cet engouement pour la décoloration, m'apprit-il également, était réservé aux hommes. Jusqu'à ce jour, aucune femme n'avait essayé de rehausser sa beauté d'ébène de cette manière. Les hommes, eux, semblaient très fiers de leur trouvaille.

Tandis que nous bavardions, un homme chantait avec entrain un air dont le refrain était repris en chœur par ses compagnons. Leurs voix étaient plutôt agréables, et la chanson avait un rythme monotone presque envoûtant.

Nous accostâmes sur une jolie et solide jetée, et parcourûmes les larges dalles de pierres blanches jusqu'au quai. Nous fûmes assaillis par des Noirs à moitié nus qui, à la manière des chauffeurs de taxi dans les gares, nous interpellaient. Ce n'étaient pas tous des conducteurs, cependant. Il y avait aussi des marchands de bijoux, des propriétaires d'hôtel, des mendiants, des infirmes et des guides. Tous tentaient d'attirer notre attention jusqu'à ce qu'un policeman, arborant l'uniforme de la Reine, s'avance et les repousse, lançant ici ou là un coup de pied pour accélérer le mouvement.

Bien en vue à l'entrée du port était accroché un large panneau où étaient inscrits les tarifs habituels des conducteurs, bateliers, etc. C'était une attention fort louable car il prévenait les escroqueries. J'y jetai un œil et songeai que, même dans ce pays, on prenait plus de précaution pour protéger les touristes naïfs et sans défense qu'à New York, où il est de tradition pour les bandits de la nuit de demander des sommes d'argent prohibitives et d'en venir aux poings quand on les leur refuse.

Perché sur les hauteurs de cette morne montagne se trouve un majestueux bâtiment blanc, auquel on accède par une route taillée dans la pierre. C'est un *club-house*, construit pour les soldats anglais stationnés dans cette région aride. Un navire de guerre est appareillé dans le port et, quasiment au niveau de la mer, une myriade de tentes blanches est plantée pour accueillir les soldats.

Au sommet de la montagne noire et rocailleuse, probablement cinq cents mètres au-dessus, flotte le drapeau britannique. Pendant mon voyage, et en réalisant que les Anglais se sont emparés de la quasi-totalité, pour ne pas dire la totalité, des ports stratégiques, j'ai éprouvé énormément de respect pour leur intelligence et pour la fierté qu'inspire ce drapeau régnant sur tant de cieux et de nationalités différents.

Non loin du port étaient établies des échoppes tenues par des Perses. On y trouve également un hôtel, un service postal et un bureau télégraphique. La ville d'Aden se trouve à quelque huit kilomètres de là. Nous louâmes une voiture à chevaux et nous engageâmes sur une route large et lisse, longeant une plage, passant devant une enfilade de maisons aux toits bas dans lesquelles vivaient des gens misérables et crasseux. La route passait également devant un grand cimetière déjà fort rempli, qui ne déparait pas de son environnement : désolé, obscur et nu, les pierres tombales consistant souvent en de simples pavés.

Les routes d'Aden, larges et solides comme du bois, sont un délice. Alors qu'elles s'élèvent dans la montagne, elles dessinent d'agréables courbes et virages, mais de hauts murets empêchent toute mauvaise surprise. Pour notre bien à tous car, sans eux, de nombreux touristes auraient dévalé pieds par-dessus tête ce versant escarpé.

Juste avant d'amorcer notre descente, nous surprîmes un homme noir en pleine prière. Il était agenouillé au centre d'une petite place entourée de rochers. Son visage était tourné vers le ciel, indifférent à tout sauf à la puissance face à laquelle il exposait son âme avec une ferveur et une émotion qui imposaient le respect, même chez ceux qui le considéraient comme un infidèle. Je supposai qu'il s'agissait d'un adorateur du soleil, à sa façon d'avoir constamment le visage levé vers les cieux, sauf quand il se penchait pour embrasser le sol sur lequel il était agenouillé.

Nous croisâmes des hommes de différentes tribus. Je vis également des femmes qui cheminaient fièrement, pieds nus, sur la route. Leurs chevelures d'ébène étaient rehaussées d'une longue plume teinte en rouge, vert ou violet. Leur seul accessoire était cette plume colorée, qui leur donnait un air noble à côté des habitantes de la ville couvertes de pierreries. Elles ne portaient que cela, c'est vrai, mais dans un endroit aussi chaud qu'Aden les bijoux sont bien assez à porter.

J'étais véritablement charmée à la vue de ces créatures splendides, vêtues d'une légère pièce de soie ceinte à la taille, qui leur arrivait aux genoux. Une extrémité de l'étoffe était ramenée dans le dos et leur couvrait le buste. Autour de leurs bras nus et de leurs chevilles, elles portaient de lourdes enfilades de bracelets, et leurs doigts et orteils étincelaient de bagues. Leur nez était parfois orné de larges boucles, tout comme leurs oreilles si chargées qu'on les aurait crues bordées d'or. Une coquetterie plus élégante consistait en un petit point d'or planté dans une narine et relié à un anneau accroché à l'oreille. Mais cela leur étirait le lobe, qui tombait si bas qu'il reposait presque sur l'épaule.

Au sommet de la montagne nous découvrîmes une superbe porte en pierre qui marquait l'entrée du fort anglais. Les sentinelles la gardaient, mais nous circulâmes sans être arrêtés jusqu'à une étrange faille dans la roche. Par cette faille, on surplombe la route trente mètres plus bas. Ces ouvertures dans la pierre sont solidement renforcées. Je compris mieux pourquoi le fort naturel d'Aden est l'un des points d'accès les mieux gardés vers l'Inde.

Par cette faille à peine assez large pour laisser passer deux calèches, nous aperçûmes la ville blanche d'Aden, comme nichée dans ce qui semble être le cratère d'un volcan éteint. Nous descendîmes rapidement la montagne, croisant sur notre chemin des policemen aux costumes voyants montés à cheval, des porteurs d'eau qui venaient de la baie, leurs gourdes en peau de chèvre remplies à ras bord, des chameaux chargés de pierres, et des Noirs.

En traversant la ville, érigée de maisons basses en adobe, notre calèche fut cernée de mendiants. Nous nous en extirpâmes et prîmes des ruelles non pavées, au milieu d'échoppes et d'habitants peu attirants. Ils nous exhortaient souvent à acheter leurs marchandises, mais la plupart d'entre eux nous dévisageaient avec curiosité. Au cœur de la ville se tenait le marché aux chameaux, qui n'offrait rien d'extraordinaire à part une foule de camélidés debout, assis ou agenouillés. Des chèvres étaient vendues un peu plus loin, mais dans ce quartier les affaires semblaient bien mornes.

Nous repartîmes sans avoir rien acheté. Des enfants nous suivirent pendant longtemps, touchant leur front et demandant l'aumône. Tous connaissaient suffisamment l'anglais pour mendier.

Notre conducteur, par contre, semblait avoir perdu son anglais le temps de notre excursion. Il réclamait un prix qui n'était pas celui que nous avions fixé. Nous dûmes appeler un policeman qui régla l'affaire : il prit notre monnaie et la tendit au conducteur, en lui donnant un vigoureux coup en prime.

Le temps nous était compté, aussi nous ne pûmes aller voir les réserves d'eau situées à quelques kilomètres d'Aden. Sur le bateau, des marchands juifs nous proposèrent œufs et plumes d'autruche, coquillages, fruits, lances d'espadons, etc. Dans l'eau, amarrés à côté du bateau, des hommes appelés Somalis nous firent une démonstration de plongée.

Ils se tenaient droit dans l'eau comme des statues, leur peau noire étincelante au soleil. Ainsi rangés, ils se tournèrent vers le pont supérieur et, l'un après l'autre, crièrent : « Oh ! Yo ! Ho ! », comme dans un concert de grenouilles-taureaux. La moitié d'entre eux enchaînèrent en criant en chœur : « Un plongeon ! Un plongeon ! Un plongeon ! »

Les hommes qui ne criaient pas hurlèrent et mirent leurs doigts devant la bouche en les bougeant rapidement. Dans un tel vacarme, nous nous empressâmes de leur jeter quelques pièces de monnaie.

Dès que les pièces tombèrent, les nageurs plongèrent comme des poissons volants, troublant à peine l'eau. Puis, après ce qui nous sembla une éternité, ils remontèrent brusquement à la surface. Nous les distinguions juste avant qu'ils ne sortent la tête, la pièce d'argent entre les dents, arborant un grand sourire. Ces plongeurs, âgés de huit à soixante-dix-sept ans, étaient nus, à l'exception d'un bout de tissu qui leur couvrait les reins. Ils gardaient les pièces dans leur bouche, calées contre leurs joues, tout comme une vache fait des provisions d'herbe dans sa gueule.

En vérité, cette faculté est bien enviable. Nous perdons tellement de temps à manger, surtout lors des voyages, qu'il nous serait bien pratique de faire ainsi des réserves de nourriture afin de les consommer ultérieurement. Cela nous rendrait moins dyspepsiques.

Ces Somalis folâtraient dans l'eau aussi bien que des poissons. Ils pouvaient nager uniquement avec leurs jambes ou seulement leurs bras, sur le dos, le flanc ou encore en gardant la tête sous l'eau. Quand un bateau arrivait vers eux, ils ne s'éloignaient pas mais plongeaient simplement sous l'embarcation. La baie d'Aden pullulait de requins, mais ils ne s'approchaient jamais des plongeurs, me dit-on, et à voir leur air serein je le crus volontiers. Le requin n'attaque pas l'homme noir, m'expliqua-t-on. Une fois que j'eus senti l'odeur de la graisse dont ils s'enduisaient le corps, je compris pourquoi ce prédateur se tient éloigné.

Après cette escale de sept heures à Aden, nous mîmes le cap vers Colombo. Les plongeurs nous escortèrent un bon moment à côté du bateau, et un petit garçon nous rejoignit même sur le pont. Il nous quitta en exécutant un superbe plongeon, puis nous salua avant de regagner son village.

Les passagers cherchaient à tuer le temps de façon agréable entre les escales. De jeunes femmes présentèrent un soir des *tableaux vivants**. Elles voulurent illustrer différents pays et me demandèrent d'incarner l'Amérique, ce que je refusai. Elles ne savaient pas à quoi ressemblait le drapeau américain dont elles voulaient se draper ! Un autre soir, j'assistai à une démonstration de lanternes magiques.

L'amour indéfectible des Anglais pour leur reine m'impressionnait beaucoup. Même moi, fervente Américaine, convaincue que l'homme est caractérisé par ce qu'il devient, et non par sa naissance, je ne pus m'empêcher d'admirer leur dévotion pour la famille royale. Pendant la démonstration de lanternes magiques, une photo de la Reine fut projetée sur un drap blanc sous une vague d'applaudissements. Il n'y eut aucune soirée festive qui ne se terminât par « God Save the Queen », que tous entonnaient en se mettant debout. Avec de si fidèles sujets, cette femme – car c'est une femme avant tout – doit être extrêmement dévouée à la défense de leurs intérêts.

Cette pensée me ramena à ma condition d'Américaine, car moi, femme libre née dans le plus grand pays du monde, je ne peux vénérer avec autant d'amour nos dirigeants. Je ne peux que célébrer les deux pères fondateurs de notre nation : George Washington et Abraham Lincoln.

9

Retardée de cinq jours

Nous jetâmes l'ancre dans la baie de Colombo, à Ceylan, vers neuf heures du matin. L'île verdoyante était paisible et agréable à contempler, après la chaleur torride rencontrée sur l'océan.

Lorsque le bateau pénétra lentement dans le petit port au milieu de plusieurs embarcations, les passagers se tenaient déjà prêts à débarquer. Regroupés sur le pont, nous attendions fébrilement de poser pied à terre.

Aussi impatients que nous pouvions l'être, nous n'avons pas manqué d'être saisis par le paysage qui s'offrait à nous depuis le bastingage et déployait toutes les beautés de Colombo. Tandis que nous nous frayions un chemin parmi les superbes bateaux, nous admirions l'île verte, constellée de bâtiments aux basses arcades qui, dans les reflets du soleil, ressemblaient à des palaces de marbre. Derrière nous, les flots se soulevaient en petites crêtes blanches et allaient se fondre dans l'étendue azurée. Une haute montagne, appelée par les autochtones le pic d'Adam, se dressait en arrière-plan de la ville. La plage, léchée par une forêt d'arbres tropicaux, semblait sortir de la mer ; elle dessinait une longue courbe jusqu'à un port protégé par un magnifique brise-lames que surmontait un phare. Puis le rivage s'étirait un peu plus en direction d'un sémaphore derrière lequel la large route qui longeait le rivage disparaissait dans l'immensité émeraude au-dessus de la mer. Les dômes feuillus évoquaient un château scintillant.

Des esquifs se dirigeaient vers nous avec à leur bord plusieurs hommes noirs, mais mon regard fut attiré par une étrange masse qui flottait à la surface de l'eau. J'observai avec frayeur ce qui ressemblait à un monstre couvert de plumes. Comment cette charmante île avait-elle pu enfanter une chose si horrible ? me demandai-je, alors qu'à mon désarroi le bateau fonçait droit sur la créature. Au moment où nous la dépassâmes, il y eut un grand fracas et une nuée d'oiseaux s'éleva en battant des ailes vers le brise-lames, là où les pêcheurs, les pieds ballant au-dessus des flots, surveillaient leurs lignes. Je posai de nouveau les yeux vers cette masse bien intrigante, pour constater que les plumes avaient disparu – il ne restait plus qu'une bouée rouge bien inoffensive en vérité !

New York World, 12 décembre 1889

NELLIE BLY RETARDÉE À COLOMBO

Les admirateurs de Nellie Bly et les parieurs du *World* apprendront avec regret que Miss Bly a été retardée à Colombo. Arrivée dans le port cinghalais dimanche matin (avec deux jours d'avance sur ses prévisions), elle pensait pouvoir repartir immédiatement. Cependant, des circonstances exceptionnelles l'ont obligée à consacrer cinq jours à la visite de l'île.

Le rédacteur en chef du *World* a reçu un télégramme l'informant de son retard sans plus de détails. Nellie Bly ne quittera pas Colombo avant demain. Ce délai change une partie de son itinéraire de 5 600 kilomètres entre Colombo et Hong Kong. C'est avec trois jours de retard qu'elle quittera l'île de Ceylan. Au lieu d'atteindre Singapour le 18 décembre comme prévu, elle devrait y arriver le 21 décembre. Elle aura sept jours pour se rendre à Hong Kong – assez de temps pour attraper l'*Oceanic*, bateau à vapeur de la compagnie Occidental & Oriental Steamship, censé partir le 28 décembre. Si Miss Bly a de la chance, les trois jours de retard à Colombo ne compromettront pas son arrivée prévue à San Francisco le 22 janvier...

Les parieurs ne doivent pas désespérer : Miss Bly peut encore, avec un coup de pouce du destin, finir son tour du monde en moins de soixante-quinze jours. Mais il faut bien avouer que les éléments sont malheureusement contre elle dans cette périlleuse partie de son voyage.

Mon ami et moi fûmes les premiers à rejoindre la terre ferme. Certains passagers étaient montés avant nous dans un petit bateau à vapeur. Mais mon compagnon avait déclaré qu'il allait me faire vivre une aventure unique et avait désigné une petite embarcation qui semblait filer bien plus vite que les autres. Cet ami, qui avait gentiment proposé de se joindre à moi lors de cette sortie, était un grand voyageur. Il avait fait plusieurs fois le tour du monde et connaissait l'Orient comme sa poche. Pourtant, lorsque je vis ce dans quoi il comptait me faire monter, je me mis à douter de son jugement.

Il s'agissait d'une embarcation sommaire, mesurant un mètre cinquante de long et soixante centimètres de large, qui devenait plus étroite au niveau de la quille. On ne pouvait poser deux pieds côte à côte. Au milieu, deux sièges se faisaient face, protégés du soleil par un misérable lé de toile de jute que nous dûmes soulever pour nous installer. Deux hommes se tenaient à chaque bout de cette étrange embarcation, chacun avec une pagaie. La pagaie est un long bâton terminé par une planche de la taille d'une boîte à fromage. En pagayant tous deux du même côté, ces deux hommes nous conduisirent prestement jusqu'à l'île. Le bateau flotte grâce à deux rondins accrochés à moins d'un mètre de la coque. Les touristes les appellent des balanciers, mais les habitants de Ceylan les nomment « catamarans ».

Au bout de quelques poussées, nous voguions à vive allure et dépassâmes en très peu de temps le bateau à vapeur. Nous étions déjà arrivés à l'hôtel que les autres passagers atteignaient à peine le rivage. On raconte à Colombo que les catamarans sont utilisés par les pêcheurs depuis la nuit des temps et qu'ils sont tellement sûrs que, de mémoire d'homme, aucun chavirement ne s'est jamais produit.

Le Grand Oriental n'avait rien perdu de son charme à présent que je le voyais distinctement. Avec ses arcades carrelées, c'était un hôtel majestueux et cossu. À l'intérieur, les couloirs étaient larges et aérés, agrémentés de fauteuils confortables et de petites tables d'appoint en marbre faisant office de plateau pour des citronnades glacées ou autres thés de la région. Si le cœur vous en disait, vous pouviez aussi croquer nonchalamment dans l'un des superbes fruits mis à disposition. Nulle part en dehors de l'Amérique il n'est interdit de fumer. Sur cette charmante promenade, les hommes s'en allaient fumant, buvant des gallons de whisky, de soda, lisant le journal, tandis que les femmes se plongeaient dans leurs romans ou négociaient des dentelles avec des petits bouts de femmes à la peau cuivrée. Les marchands enturbannés étaient plus aguerris, ouvrant grand leurs petites boîtes tapissées de velours pour exposer leurs étranges pierres précieuses aux touristes ébahis : des émeraudes d'un vert profond, des diamants brillants, des perles exquises, des rubis aussi vrais qu'une goutte de sang, des cymophanes aux reflets envoûtants, tous si bien taillés que même les hommes qui commençaient par leur lancer : « Je connais les vendeurs de votre espèce », finissaient par poser journal et cigare afin d'examiner ces rocailles étincelantes. Aucune femme ne quittait Colombo sans avoir garni sa boîte à bijoux de plusieurs bagues supplémentaires, si originales qu'un voyageur les reconnaîtra immédiatement : « Vous, vous êtes passée à Colombo. »

Pour la première fois depuis mon départ, j'utilisai des dollars américains. C'est assez courant là-bas et même obligatoire pour les gros achats – tels que la bijouterie ! Pourtant, mes devises ne valaient pas un clou dans ce pays. Quand je proposai de payer en dollars, on m'annonça que mes billets seraient dévalués de soixante pour cent. Les diamantaires de Colombo sont pourtant ravis de recevoir vingt dollars en petite monnaie car ils en font un usage bien particulier : ils montent les pièces puis les accrochent à la chaîne de leur gousset. L'opulence d'un marchand se mesure donc à sa chaîne de montre ; plus il possède de pièces, plus il est riche. Le commerce des bijoux se fait principalement dans le grand couloir de l'hôtel. Les marchands viennent aux touristes, qui apprécient de ne pas avoir à se déplacer.

Ce même couloir mène à la salle à manger, tout aussi majestueuse que le reste du Grand Oriental. Les petites tables étaient mises avec un goût exquis et parées de fleurs fraîches qui étaient certes luxuriantes mais n'exhalaient qu'un très léger parfum. Du plafond pendaient des pankas, une invention indienne qui aide à rendre supportables les grandes chaleurs. Il s'agit de longues bandes de tissu accrochées à des cannes de bambou qui sont disposées près des tables. Grâce à une poulie, un homme ou un jeune garçon tire un cordon qui fait s'agiter ces longs tissus, produisant un courant d'air très agréable aux visiteurs. Les pankas sont également utilisés sur les bateaux voyageant vers l'Orient.

Les passagers du *Victoria* se régalèrent d'autant plus qu'ils avaient passé les deux dernières semaines à manger les mêmes choses présentées sous différents noms. Des Cinghalais nous servaient, ce qui nous changea pour le mieux des insolents et négligents serveurs anglais de notre voyage. Ces autochtones piquaient bien sûr la curiosité de nous autres Occidentaux.

Ils parlaient très bien notre langue et comprenaient tout ce que nous disions. Ils étaient plutôt beaux, de petite stature, avec des traits délicats. Certains d'entre eux avaient des visages bien dessinés, telles des statues de bronze. Ils portaient des jupes blanches qui leur faisaient comme des tabliers et des chemises noires. Ils se déplaçaient sans bruit et pieds nus sur le sol carrelé. Leurs cheveux étaient longs et noirs, remontés en un chignon derrière la tête. Au sommet du crâne, et non à l'arrière entre les oreilles, ils disposaient un peigne en écaille de tortue semblable à celui de nos écolières. Je distinguais à grand-peine les hommes des femmes, jusqu'à ce que je comprisse que les Cinghalais portaient le fameux peigne, un signe aussi distinctif que le pantalon pour les Américains. Il ne viendrait pas à l'idée des Cinghalaises de porter ce peigne, aussi sûr qu'aucune femme chez nous ne s'habillerait comme un homme.

Au *tiffin*[1], je commandai un authentique curry indien. Je n'avais pas pu en manger sur le *Victoria*, mais les connaisseurs m'avaient convaincue de goûter cette délicieuse recette une fois sur le continent. On m'apporta tout d'abord un plat présentant des crevettes d'un côté et du riz de l'autre. Je mis deux cuillerées de riz dans mon assiette et y ajoutai par-dessus une cuillerée de crevettes. On me proposa également du bœuf et du poulet, mais je me contentai pour l'heure de ce que j'avais déjà. J'eus le droit ensuite à un autre plat qui contenait des fruits au sirop, du *chuddah* et d'autres préparations très épicées. Obéissant aux consignes, je me servis une cuillerée de cet assortiment. On y ajouta plusieurs petits morceaux d'un mets dont j'avais entendu parler. Son odeur était reconnaissable entre mille : le « canard de Bombay[2] ». Il ne faut pas se fier à son nom car il s'agit en réalité d'un petit poisson ouvert en deux et séché que l'on ajoute au curry. Y goûter est une expérience en soi.

Une fois les ingrédients réunis, mon assiette fut soigneusement mélangée, formant un tout peu esthétique mais au final succulent. J'en devins fort friande et arrêtai seulement d'en manger lorsqu'il s'avéra, après un repas conséquent, que le curry me donnait des palpitations.

On raconte une histoire très amusante sur le canard de Bombay. Le shah de Perse fut un jour averti qu'un dignitaire indien souhaitait lui faire cadeau d'une grosse quantité de canards de Bombay. Enchanté, le

1. Mot désignant le déjeuner dans l'Inde britannique.
2. Appelé en français « scopelidé ».

Shah ordonna tout de suite la construction de plusieurs bassins luxueux afin d'accueillir les volatiles… Imaginez son désarroi lorsqu'il reçut des poissons séchés et nauséabonds !

Après le *tiffin*, nous nous rendîmes en carriole jusqu'au Mount Lavinia. Nous roulâmes sur des routes lisses et très bien entretenues. On les aurait crues faites de bitume rouge, et j'appris plus tard que des prisonniers avaient été chargés de les construire. La plupart sont bordées d'arbres alourdis de fleurs dont les branches formaient au-dessus de nous une arche végétale. De temps à autre, nous croisions des huttes de chaume et quelques autochtones.

Le Mount Lavinia, que nous avions aperçu depuis le port, est un bel hôtel surplombant la mer, très prisé aux beaux jours. Ses pelouses vertes font face au rivage et reçoivent les embruns toute l'année.

Après le dîner, les clients du Grand Oriental partirent en excursion, tête nue. Nous roulâmes à travers la ville, empruntant de larges artères, passant devant les jardins tropicaux de splendides demeures, jusqu'à Galle Face Drive, là où les vagues se brisent sur le sable en rugissant. Cette route longe au plus près la mer ; sous la lune, sa teinte rouge prend des reflets d'argent. La mer était très sombre, presque noire, avec des brisants blancs comme la neige. Dans cette douce lumière, on aperçoit des amoureux se promenant bras dessus bras dessous, en toute quiétude. Certains d'entre eux étaient si près du rivage que je craignis qu'une vague plus haute que les autres emportât les imprudents là où tout finit. Quelques soldats arborant l'uniforme de la Reine se prélassaient sur des bancs face à l'océan. Je les observais, incapable de déterminer si leur attitude reflétait la fatigue d'une longue journée ou un profond mal du pays. Une nuit, je vis un autochtone, immergé jusqu'à la taille, pêcher au milieu des brisants. Le poisson mordait mieux la nuit, m'apprit-on. Mais avec quelle facilité cet homme pouvait être emporté par les flots sans que personne ne s'en rende compte, jusqu'à ce qu'au petit matin ses amis constatent sa disparition !

À l'intersection de Galle Face Drive et d'une autre route se dresse l'hôtel Galle Face, entouré d'une palmeraie. Depuis les larges et confortables fauteuils de la véranda soutenue par des piliers de pierre, on entrevoit l'océan et le sable fin à travers les arbres. Le bruit mélancolique du ressac nous entraîne vers de douces rêveries qui occultent pendant un temps la réalité. Et, lorsque les songes s'estompent, on noie ses soupirs dans le verre de citronnade déposé discrètement sur l'accoudoir blanc du fauteuil par les statues vivantes aux pieds nus. Plus loin, les pousse-pousse vont et viennent entre la route et l'entrée éclairée de l'hôtel. Les porteurs noirs finissent par s'arrêter et posent à terre leur véhicule pour laisser descendre les passagers.

Un soir que je me prélassai sous cette véranda, écoutant d'une oreille distraite mon interlocuteur, ses mots étouffés par le bruit de la mer, je vis un couple enlacé, visage contre visage, mains jointes posées sur son cœur à lui. Ils se tenaient là, deux figures sombres, sous l'arche de la véranda, leurs silhouettes éclairées par la lampe du portail. J'éprouvai de la compassion pour eux, à les voir bercés de cette douce illusion amoureuse, celle qui fait de nos vies un paradis ou un enfer et est la trame de toute littérature. Mais l'irruption d'un badaud tira la jeune femme de sa torpeur et elle prit la fuite, laissant à peine le temps à son galant de lui baiser la main. Je poussai un bref soupir et, après avoir bu une nouvelle gorgée de citronnade, je repris ma conversation.

Je fus réveillée de bonne heure le lendemain matin par un Cinghalais qui disposait du café et des toasts sur un guéridon placé près de mon lit à baldaquin. À la faible lumière qui perçait à travers la porte vitrée donnant sur le balcon, je devinai qu'il était encore tôt et me rendormis. Peu de temps après, un bruit de couverts entrechoqués me tira de mon sommeil, et je me trouvai nez à nez avec un corbeau qui faisait un festin de mes tartines !

Je n'avais pas pour habitude de prendre mon petit-déjeuner avant de quitter mon lit, comme il est coutume de faire à Ceylan, aussi laissai-je mon corbeau à sa dégustation. Quand il fut parti, je décidai de me lever afin de profiter le plus possible de mon séjour.

Après un bain frais, je m'habillai promptement et descendis au salon. Presque tous mes compagnons s'y trouvaient déjà, certains d'entre eux s'étaient levés aux aurores. Je regrettai de m'être montrée si généreuse envers mon corbeau quand j'appris qu'on ne servait plus de petit-déjeuner après neuf heures. Il était très copieux afin de rassasier ceux qui souhaitaient profiter des heures fraîches.

Nous montâmes à bord d'une légère carriole qui nous emmena par Galle Face Drive à un lac dans lequel des hommes, des femmes, des enfants, des bœufs, des chevaux, un buffle et des chiens s'ébrouaient. Étrange tableau. Sur un îlot, des blanchisseurs s'activaient, tapant, rinçant à grande eau, puis essorant des habits avant de les étendre sur l'herbe.

Ce soir-là, tout le monde semblait de sortie. Les Blancs conduisaient, montaient à cheval, roulaient à bicyclette ou flânaient. Situé à huit cents mètres de là, le brise-lames est la promenade préférée des autochtones. Matin et soir on peut voir les locaux joliment apprêtés faire des allers-retours entre le phare et le rivage. Lors des tempêtes, la mer vient recouvrir totalement la promenade, y déposant une substance verte et visqueuse qui la rend impraticable à moins d'être nettoyée. Le prince de Galles a posé la première pierre de la jetée en 1875. Il ne fallut pas moins de dix années pour l'achever et c'est aujourd'hui l'une des plus belles du genre.

Si l'on met de côté son climat tropical, Colombo me rappelait Newport, dans l'État de Rhode Island. Il est probable – à mes yeux, en tout cas – que Colombo soit plus joli. Certes, les maisons ne sont pas des plus rutilantes, mais elles possèdent un cachet indéniable et la vue est grandiose.

Après le petit-déjeuner, les vacanciers se reposent dans le couloir de l'hôtel. Les hommes vaquent à leurs affaires et ne reviennent pas plus tard que onze heures. À midi, tout le monde se retrouve pour le déjeuner puis, pendant les heures les plus chaudes de la journée, arrive le moment de la sieste traditionnelle. Les vacanciers partent vers quatre heures faire un tour en voiture ou à pied et ne reviennent qu'à la tombée de la nuit, juste à temps pour le dîner. Et quoi de mieux ensuite qu'une promenade en pousse-pousse ou une soirée dans un des théâtres locaux ?

Les charmeurs de serpents font partie de la vie de l'hôtel. Ils portent des vestes déchirées à même la peau et parfois des turbans. Ils réalisent des tours épatants. Je fus impressionnée par celui dit de l'arbre qui pousse. Le charmeur nous montre une graine, la pose au sol avant de la recouvrir d'une poignée de terre et d'un mouchoir préalablement inspecté par le public. Puis il se met à chanter et le mouchoir se soulève comme par magie en dévoilant une pousse verte ! Nous n'en croyons pas nos yeux mais l'homme nous dit : « Arbre pas bon, arbre trop petit. » Il le recouvre et recommence ses incantations. Nous constatons que la pousse grandit, mais le charmeur n'est toujours pas content et il répète : « Arbre pas bon, arbre trop petit », recommençant son manège jusqu'à ce qu'il obtienne un arbre haut de plus d'un mètre ! À la fin du numéro, il le soulève pour nous montrer ses racines.

Même si ces hommes nous appâtaient avec « la danse du serpent », ils finissaient toujours par nous montrer tout autre chose. Un matin, lorsque l'un d'eux me proposa une énième fois « la danse du serpent », je lui répondis que je voulais voir uniquement ce tour et rien d'autre. De mauvaise grâce, l'homme ôta le couvercle de son panier et un cobra s'en échappa indolemment en s'enroulant sur lui-même. Le « charmeur » souffla dans un petit fifre, tout en agitant un tissu rouge sous le nez du reptile. Celui-ci se redressa et siffla de colère, tant et si bien qu'il semblait tenir seul sur le bout de sa queue. Puis il remarqua son maître et siffla en sa direction, mais ce dernier le saisit par la tête avec une telle poigne qu'un jet de sang s'échappa de la gueule du serpent. Il lutta quelques instants avec l'animal, en le tenant toujours aussi fermement. Le serpent finit par rentrer dans le panier, sa queue fouettant furieusement le sol. Lorsqu'il fut enfin dans son habitation, je poussai un long soupir et le « charmeur » me dit d'une voix triste : « Cobra danse pas, cobra trop jeune, trop indocile ! »

Je ne pus lui donner tort, le cobra me paraissait en effet bien alerte !

Ce fut à Colombo que je vis mon premier *jinrikisha*, sorte de carriole pour deux personnes en forme de sulky, qui possède une capote pour protéger ses passagers des intempéries et des brancards tirés par des hommes noirs vêtus d'un pagne. Quand le soleil darde ses rayons, ils enfoncent sur leurs têtes de larges chapeaux qui les font ressembler à des champignons, mais la plupart du temps ces coiffes restent accrochées à l'arrière. Les conducteurs se rassemblent à divers endroits de la ville, et leurs véhicules sont garés, reposant sur leurs brancards, à des endroits prévus à cet effet. Ils attendent le client accroupis, leurs deux pieds fermement ancrés au sol. Ces hommes sont oints de la tête aux pieds et, quand il fait chaud, on aimerait bien qu'ils soient plus vêtus et moins huileux ! Cette graisse dégage une odeur très particulière.

Je pris un jour un *jinrikisha* avec une amie. L'homme appuya de tout son poids sur l'un des longs brancards pour me permettre de monter facilement dans la carriole, puis se prépara à partir. Mais mon amie n'était pas encore installée et se retrouva les quatre fers en l'air, mise à terre par le mouvement de bascule.

Je ne me sentais pas très fière d'être ainsi promenée dans la ville par un être humain, pourtant je finis par penser que c'était un moyen moderne de se déplacer. En effet, ce cheval-ci n'avait besoin de personne pour s'occuper de lui, et lorsque nous partions faire les magasins il était très agréable de ne pas se soucier de savoir si l'attelage était bien couvert. Quand nous pressions le conducteur de se dépêcher, nous n'avions pas à craindre de l'épuiser : il avait toujours la possibilité de protester.

J'ai déjà parlé des routes impeccables de Ceylan. Ce fut le cas dans presque tous les ports d'Orient où je fis escale. À mon grand regret, je n'ai jamais pu déterminer si ces chaussées étaient parfaites grâce à l'absence des transporteurs de bières ou à celle des patrouilleurs de la police de New York.

Je visitai plusieurs temples à Colombo, m'acquittant

à chaque fois d'un droit d'entrée – et ma foi je ne leur trouvais pas grand intérêt. Un jour je me rendis dans une école bouddhiste et trouvai le célèbre grand prêtre de Ceylan assis sous la véranda de son bungalow, occupé à écrire sur une table basse. Sa toge était faite d'une étoffe de soie dorée, savamment enroulée autour de son corps et nouée à la taille. Il la remonta jusqu'à ses épaules pour nous accueillir. Sa peau était couleur cuivre et ses cheveux gris coupés ras. Il s'exprimait dans un anglais fort correct. Au cours de la conversation, il me confia qu'il recevait chaque année des centaines de lettres d'Amérique : imaginez un peu, nos concitoyens sont ceux qui se convertissent le plus au bouddhisme.

À Kandy, nous louâmes une calèche pour admirer le lac, la bibliothèque et les temples. Un des temples, entouré de douves, abritait au milieu d'autels assez communs un fragment d'ivoire que l'on disait être la dent de Bouddha. Kandy est une jolie ville, mais pas autant qu'on le prétend. Il est censé y faire plus frais qu'ailleurs, pourtant nous y eûmes si chaud que nous regrettâmes vite Colombo. Déçus par cette escale, nous mîmes le cap sur Parathenia et son splendide jardin botanique, une excursion qui valut mille fois le détour. Nous rentrâmes le soir même à la capitale. La chaleur, la fatigue et la faim m'avaient donné la migraine. Sur le chemin du retour, l'homme espagnol qui nous accompagnait entreprit de nous remonter le moral, mais il m'irrita plus qu'autre chose – ce qui amusa grandement l'Irlandais de notre petit groupe. L'Espagnol avait beau être courtois, il avait des paroles maladroites. J'étais passablement agacée, mais l'Irlandais n'en avait cure et continuait à rire sous cape. Alors que nous descendions la montagne, l'Espagnol se redressa dans la calèche et sortit la tête par la fenêtre pour admirer le paysage. « Nous allons tomber ! » cria-t-il à la cantonade. J'étais dans un coin de la calèche, tentant de prendre un peu de repos. L'Irlandais, les bras croisés à l'autre bout, essayait d'en faire autant.

« Mais non, nous n'allons pas tomber, maugréai-je, tandis que l'Irlandais affichait un sourire moqueur.

– Mais si, je vous dis ! Faites vos prières ! » répliqua-t-il, pris de panique.

L'Irlandais pouffa et je ne pus m'empêcher de l'imiter, en dépit de ma migraine. Ce n'était vraiment pas grand-chose, pourtant je ris à m'en tenir les côtes. Je n'eus ensuite qu'à souffler « Faites vos prières ! » à l'Irlandais pour repartir de plus belle.

Ce soir-là, j'allai me coucher de bonne heure sans même dîner. J'avais prévu de me rendre le lendemain matin au marché aux perles, mais comme j'étais toujours indisposée je préférai garder la chambre. Plus tard, le groupe de voyageurs m'apprit qu'à la fin du marché l'un d'entre eux avait acheté quelques huîtres pour une roupie : elles contenaient cinq cents dollars de perles ! Je regrettai amèrement de ne pas m'être rendue sur place, même si j'avais peut-être échappé au choléra.

J'entendis un jour un homme demander à un autre s'il connaissait le sens du mot *jinrikisha*. Le premier expliqua que le mot signifiait « pouvoir de l'homme qui tire », et le second répondit, réellement surpris : « Je pensais que cela signifiait "l'homme *pullman*[1]" ! » Une autre fois, un Australien fraîchement débarqué demanda

1. Il s'agit d'une plaisanterie qui joue sur le double sens de « *pull man car* », la voiture tirée par un homme. Pullman était en effet, comme on a pu le voir dans ce récit, le nom d'une compagnie de trains anglais.

à Andrew, le portier sagace de l'hôtel, de lui commander une de ces charrettes pour se promener. Andrew ne comprit pas tout de suite, car il existait toutes sortes de charrettes. « Je ne me souviens pas du nom, répondit l'Australien en hésitant. Je crois que vous les appelez Jim-Jams ? » Andrew lui commanda un *jinrikisha*.

10

Dans la mer des pirates

Cela faisait cinq jours que je séjournais à Colombo quand le tableau noir accroché dans le couloir de l'hôtel nous informa que l'*Oriental* partirait pour la Chine le lendemain matin à huit heures. On m'appela vers cinq heures du matin et je fus prête à embarquer en un rien de temps. Le « pasteur espagnol », ainsi que nous avions surnommé l'Espagnol de notre groupe, me demanda de l'aider à dégoter quelques bijoux avant le départ. Je refusai net, bien trop pressée que j'étais de me mettre en route et de monter à bord du bateau qui allait m'emmener en Chine.

Les adieux faits, je me retrouvai à attendre en vain sur l'*Oriental*. Le navire semblait vide, à l'exception d'un beau vieil homme et d'un jeune homme blond très élégant dans son costume de lin blanc. Ils se promenaient sur le pont et bavardaient en contemplant les flots. Je tentais de déplier ma chaise longue lorsque le vieil homme s'approcha pour me proposer son aide.

« Quand quitterons-nous le port ? lui demandai-je peu après.

– Dès que le *Nepaul* sera en vue. Il devait arriver à l'aube, mais il n'est pas encore là. Son retard nous a fait perdre cinq jours.

– Je lui souhaite de couler dans le port ! lançai-je. Cette vieille baignoire nous a bien assez ralentis.

– Il n'est tout de même pas si désagréable de séjourner à Colombo, dit l'homme avec un air malicieux.

– Cela ne le serait pas si partir n'était pas pour moi d'une importance capitale. Vraiment, j'aimerais bien voir ce *Nepaul* sombrer au fond de la mer. »

Ma mauvaise humeur les surprit, et cela m'amusa de constater que personne ne pouvait vraiment comprendre ce que ce retard signifiait pour moi. En m'imaginant rentrer à New York dix jours trop tard, tête basse, accablée, redoutant que l'on vienne s'enquérir de mon voyage, je m'esclaffai carrément. Ils me regardèrent, étonnés de cette saute d'humeur, tandis que je riais de plus belle. Finalement, je leur dis : « Rien n'arrive par hasard. »

« Voici le *Nepaul* ! » fis-je en indiquant du doigt une ligne de fumée à peine visible. Ils furent circonspects, mais au bout de quelques minutes force était de constater que j'avais raison.

« Je me suis montrée très déplaisante », m'excusai-je en plantant mon regard dans les doux yeux bleus du vieil homme et ceux plus espiègles de son jeune acolyte. « Mais je n'ai pas pu m'en empêcher. Nous avons un retard de cinq jours, j'ai été appelée à cinq heures du matin pour quitter le port à huit heures, or à neuf heures nous en sommes toujours au même point. Et je meurs de faim, par-dessus le marché. »

Tandis qu'ils riaient de me voir si contrite, la cloche sonna l'heure du petit-déjeuner et nous descendîmes au salon. J'y retrouvai mon ami irlandais, avec son inébranlable gaîté, et un jeune Anglais, lui aussi passager à bord du *Victoria.* Je le connaissais de vue, mais comme il se déclarait ouvertement misogyne je me gardais bien de lui adresser la parole. J'étais la seule femme à bord ce matin-là. Nous eûmes un formidable petit-déjeuner.

Le capitaine était un homme des plus charmants, courtois et bien de sa personne. Il présidait à la table, les officiers étant rassemblés autour de lui. C'était la crème des officiers, beaux, intelligents, avec d'excellentes manières pour couronner le tout. Le vieil homme rencontré sur le pont s'avéra être l'ingénieur en chef et le jeune homme le médecin de l'équipage.

Le bateau, quoique plus petit que le *Victoria*, était supérieur en tout point à son prédécesseur. Les cabines étaient plus confortables, les espaces mieux aérés, la cuisine excellente, et donc les officiers et le capitaine de véritables gentlemen – je ne pouvais rêver mieux. Pendant plusieurs jours je ne soufflai mot au sujet de mon projet et de la lettre que m'avait gentiment envoyée mon agent de Londres. Ce papier ne m'avait pas été d'une grande aide sur le *Victoria*, mais je décidai finalement de tenter une nouvelle fois ma chance à bord de l'*Oriental*. Je confiai donc la lettre au capitaine, qui fut ravi d'en prendre connaissance, et si l'accueil ne changea point ce fut seulement parce qu'il ne pouvait pas être meilleur.

Il était près d'une heure lorsque les passagers du *Nepaul* embarquèrent sur l'*Oriental*. Les marchands de bijoux et de dentelles en profitèrent pour prendre d'assaut le bateau. Comme ils escroquaient les voyageurs ! Quand le bateau fut prêt à partir et qu'ils durent débarquer, alors ils se mirent à vendre leurs objets à n'importe quel prix. Ils étaient effrontés de surcroît. J'entendis l'un d'eux répondre à un client qui lui proposait d'acheter pour une somme raisonnable ses prétendues pierres précieuses : « Ça, ça serait le prix juste pour avoir le droit de les regarder. »

Ils sont si déplaisants que je m'étonne que les bateaux n'aient pas encore interdit leur présence à bord.

Nous prîmes la mer à une heure. Les trois premiers jours s'écoulèrent tranquillement, et je les passais à rêvasser sur le pont. J'étais soulagée de retrouver la belle mer bleue à l'horizon dégagé, à mille lieues des débats, de l'agitation et des contrariétés de la vie terrestre. Bien que l'Orient soit, en large partie, exempt des travers de la vie occidentale, on y décèle cependant certains traits, même chez les peuples les plus indolents. Il n'est que sur l'océan que l'on peut goûter, bercé par les flots, le paisible repos de la journée ou de la nuit. On dérive, on ne voit rien, on ne sait rien, tous les soucis se sont envolés et la misère du monde semble bien loin. Il est vrai que les marins continuent à s'affairer, toutefois cela n'a pas grand-chose à voir avec les habituels gagne-pain. Pour nous, paresseux passagers, ils hissent ou abaissent une voile, mais l'on dirait qu'ils naviguent, rêvent, parlent, dorment, vivent en somme, non pas contre de l'argent mais pour le simple bonheur d'être là.

Le quatrième jour en mer tomba un dimanche. Nous passâmes l'après-midi à contempler depuis le pont les magnifiques îles vertes que nous dépassions lentement, tentant de deviner si oui ou non elles étaient habitées.

Le lendemain, nous jetâmes l'ancre à Penang, ou île du Prince-de-Galles, un des établissements des détroits[1]. Comme le bateau accusait un retard de six jours depuis Colombo, on nous annonça que nous ne ferions escale que pour six heures. Avec un ami, je me préparai à poser pied à terre. On nous transporta d'abord sur un sampan, un drôle de bateau dont les avirons, ou plutôt les rames,

1. Les établissements des détroits sont un ensemble de territoires administrés par la Compagnie anglaise des Indes orientales, qui regroupa à partir de 1826 Penang, Dinding, Malacca et Singapour. Ils furent dissous en 1946.

étaient accrochés près de la poupe. Notre rameur malaisien s'aidait des deux mains pour pousser sur une rame, nous montrant son dos à l'arrière du bateau. Dans cette position, il tournait fréquemment la tête pour vérifier que la voie était dégagée tout en continuant à ramer à bride abattue. Une fois sur le rivage, il nous poursuivit jusqu'au bout de la jetée en réclamant plus d'argent, même si nous l'avions payé trente cents, soit trois fois le prix habituel.

À bord d'une calèche, nous allâmes admirer une cascade sur le flanc d'une montagne couverte de végétation, transformée en son centre en un jardin tropical. La cascade n'avait rien de fantastique. Je me demandais seulement d'où pouvait provenir une si grande quantité d'eau mais, après avoir marché des heures à la recherche de la source, je conclus que ce mystère ne valait pas la peine de se fatiguer autant.

En retournant au village, nous visitâmes un temple hindou. Nous étions à peine entrés qu'un groupe de prêtres à moitié nus se rua sur nous et nous commanda d'enlever nos chaussures. Le temple était construit à l'air libre, aussi ses toits et ses chevrons étaient-ils depuis longtemps colonisés par toutes sortes d'oiseaux. Si le passage des siècles avait marqué de son empreinte les dalles en pierre, il était certain que des choses moins recommandables y avaient également traîné, par conséquent je refusai formellement d'enlever mes bottines. Et de toute façon j'avais assez vu d'idoles comme ça. L'une d'elles représentait un dieu noir dans une robe aux couleurs chatoyantes, l'autre était une pierre sombre et dégoûtante simplement posée au milieu de guirlandes de fleurs.

De toutes mes escales, Penang fut le port où l'on parla le moins anglais. Alors que j'en demandais la raison à un photographe local, il répondit : « Les Malaisiens sont des gens fiers, Mademoiselle. Ils ont leur propre langue et sont trop orgueilleux pour en parler une autre. »

Ce photographe s'exprimait en anglais quand ça lui chantait. Il me montra des négatifs mesurant dix centimètres sur quinze et m'en réclama un dollar l'unité.

« Un dollar ! m'exclamai-je avec stupeur. Mais c'est beaucoup trop cher pour des négatifs !

– Si Mademoiselle pense que c'est trop cher, elle n'a qu'à pas les acheter. Elle seule peut dire combien elle est prête à payer, rétorqua-t-il.

– Pourquoi sont-ils si chers ? continuai-je, pas le moins du monde intimidée par son impertinence.

– Parce que Penang est loin de l'Angleterre », répondit-il avec aplomb.

Plus tard, j'appris avec bonheur qu'un passager de l'*Oriental* s'était occupé du long nez brun de cet impudent photographe.

J'allai pour la première fois dans un temple chinois, une visite qui s'avéra très instructive. Le toit rose et blanc, courbé comme un canoë, était ornementé de toutes sortes de dragons à la gueule béante et à la queue virevoltante. De la rue, on pouvait apercevoir les fidèles au travers des arcades. Des lampions et des dorures égayaient le décor sombre du temple. Les petites idoles, ration de riz, cochon grillé et encens au parfum entêtant déposés à leurs pieds me laissèrent indifférente. Plus intrigant était ce qui se passait dans un coin de la pièce, où les superstitieux tentaient leur chance, formant une foule plus compacte que celle près des autels. En fait, le seul fidèle était une Chinoise aux cheveux gominés qui portait son bébé aux yeux fendus sur son dos et s'inclinait humblement devant une idole aux bras couverts de bracelets.

Des prêtres aux crânes rasés et toges de soie, qui

se tenaient dans un petit pavillon d'été dans le jardin, nous aperçurent alors que nous cherchions les bassins aux poissons rouges. L'un d'eux vint à notre rencontre et, en me prenant par la main, me conduisit gracieusement à son groupe. Ils souhaitaient que je m'asseye avec eux et partage leur thé, servi sans lait ni sucre dans des tasses semblables à de la dînette d'enfant. Ils me resservirent tant et tant qu'au bout du compte j'appréciais de boire dans une toute petite tasse. Nous n'avions que nos sourires pour communiquer.

La monnaie mexicaine circule rarement en dehors de Penang. Les pièces américaines, quand elles sont acceptées, conservent leur valeur d'origine, mais l'or et les billets américains n'intéressent personne. Les conducteurs de *jinrikisha* à Penang sont comme des chevaux bien dodus à côté des pur-sang de Colombo – et ce sont les Chinois les plus rondouillards que j'aie rencontrés pendant mon voyage !

Nous regagnâmes le bateau sur une mer houleuse. Notre petite chaloupe fut tant malmenée par les vagues que mon ami, devenu rubicond, passa la tête d'un air désespéré par-dessus bord. Je songeai que la mer était comme une coquette, indifférente aux sentiments qu'elle fait naître dans le cœur d'un homme. C'est sous ce grain que nous accédâmes à l'échelle du bateau, le tangage d'une péniche à charbon soulevant de nouvelles lames qui faillirent nous engloutir. Nous avions à peine posé pied sur le bateau que l'on ordonna de détacher la péniche. Dès que cela fut fait, le bateau leva l'ancre. Très rapidement il y eut un grand tumulte : cinquante Noirs en haillons accoururent sur le pont, réalisant que leurs camarades étaient partis pendant qu'ils rangeaient les derniers sacs de charbon en soute. S'ensuivirent des cris désespérés, des gestes implorants, des cheveux arrachés et des lamentations. Mais cela ne servit à rien. Malgré tous les efforts des occupants de la péniche, celle-ci était irrémédiablement ramenée vers la côte.

Le capitaine réussit à calmer les coolies en leur assurant qu'ils pourraient regagner le rivage à bord du canot du pilote. Nous assistâmes à l'opération spectaculaire qui s'ensuivit. Certains des hommes tentèrent de gagner par leurs propres moyens le canot attaché au navire. Mais, après que l'un d'eux a manqué de se noyer et qu'une énorme vague a presque submergé le canot, le navire dut ralentir. Les coolies envoyèrent une corde à leurs camarades à l'eau, qui finirent par remonter sur le pont en tremblant de tous leurs membres. D'autres descendirent une échelle pour accéder plus facilement au canot, mais elle était trop courte d'un mètre cinquante. Les hommes dans le canot attrapèrent alors les jambes du pauvre coolie qui s'agrippait désespérément au degré et qui ne lâcha prise que lorsque les officiers menacèrent de l'assommer.

Le pilote, un autochtone, fut le dernier à descendre. L'embarcation put alors être détachée et s'éloigna sur les flots tant bien que mal, si chargée d'hommes qu'aucun n'osait bouger, frêle esquif poussé vers le rivage…

Il faisait tellement moite dans le détroit de Malacca que j'en fus indisposée. L'air était suffocant, brumeux et humide, si bien que tout se mettait à rouiller, y compris les clés gardées dans nos poches, et les miroirs embués ne renvoyaient plus aucun reflet. Le deuxième jour de navigation, nous dépassâmes de magnifiques îles verdoyantes. Il circule de nombreuses histoires sur les détroits infestés de pirates, mais j'ai le regret d'annoncer que ce temps est révolu… J'avais tant espéré courir de nouvelles aventures.

Nous devions atteindre Singapour en fin de journée.

Je le souhaitais vivement, car plus tôt nous arrivions, plus vite nous partirions pour une nouvelle destination, et chaque heure comptait. Le pilote fit son apparition vers six heures du soir ; j'attendis son verdict en tremblant. Je fus saisie du plus violent désespoir lorsqu'il annonça que nous ne jetterions l'ancre qu'au matin suivant car il était trop dangereux de rentrer dans le port pendant la nuit. Le contrat de voyage stipulait qu'il était obligatoire pour le bateau de rester vingt-quatre heures au port. Je perdrais donc de précieuses heures aux portes du port et de l'espoir, pour ainsi dire, à cause de coolies qui avaient traînassé sur le bateau. Ce délai signait peut-être l'échec de ma correspondance à Hong Kong et il pourrait même se changer en plusieurs jours de retard sur mon objectif. Ce soir-là, je ne tins pas en place.

Lorsque je m'éveillais le lendemain matin, le bateau était amarré le long du quai et des coolies chinois descendaient des paniers de charbon accrochés de part et d'autre d'une perche. Ils allaient et venaient sur la passerelle, pendant que sur des petites embarcations des colporteurs vendaient des photographies, des fruits, de la dentelle et des singes.

Avec le médecin du bateau, un jeune Irlandais, je louai un *gharri*, sorte de calèche confortable aux fenêtres ajourées qui peut accueillir jusqu'à quatre personnes. Elle était tirée par un joli poney malais, très rapide malgré sa petite taille, mais à l'endurance si fragile que des lois encadrent leurs heures de travail.

Nous nous rendîmes en ville sur une route aussi lisse que le parquet d'une salle de bal. De grands arbres se penchaient sur notre chemin. Nous passâmes devant des maisons construites sur pilotis au milieu de marécages qui faisaient face à des cimetières pleins à craquer, ce qui assombrit quelque peu notre bonne humeur. Les tombes étaient surprenantes : des monticules entourés de barrières en forme de fer à cheval, avec à leur pied une pierre plate portant des inscriptions colorées.

Il n'y a pas de trottoirs à Singapour, et les maisons bleu et blanc dominent largement le tableau. Les rez-de-chaussée sont occupés par des boutiques tandis que les familles logent au premier étage. À travers les croisillons des fenêtres, nous aperçûmes des Chinoises qui nous épiaient, en robes bigarrées, avec leurs bébés empaquetés dans des tissus informes. Au pied des maisons, les gens s'activaient. La coiffure est la principale activité commerciale. Une chaise, un peigne et une bassine suffisent à ce qu'un homme se déclare coiffeur, et il trouve autant de clients en exerçant dans la rue que dans un véritable salon. Assis et courbé en avant, le Chinois se fait raser la tête presque jusqu'au sommet du crâne. Le coiffeur laisse juste une calotte de cheveux de la taille d'une petite assiette, d'où part une longue mèche. Une fois celle-ci tressée et terminée par un ruban de soie, on considère le Chinois « coiffé » pour les quinze prochains jours.

Les Orientaux, ici comme dans les précédents ports que nous avions traversés, mâchaient constamment des noix d'arec. Quand ils riaient, on aurait pu croire qu'ils avaient bu du sang, tant les noix avaient rendu leurs dents cramoisies. Beaucoup utilisaient ce rouge pour se vernir les ongles.

Les pousse-pousse à Singapour sont le mode de déplacement le plus populaire. Ils coûtent dix cents de l'heure, mais il est très fréquent de voir quatre personnes entassées dans un tel véhicule tiré par un seul homme. Là-bas, nous visitâmes un musée très intéressant et contemplâmes sur le bord des routes les magnifiques bungalows des colons européens. Partout sur les belles routes, des hommes dans des voitures à chiens et des gens à bicyclette.

Nous nous rendîmes à une cage aux singes, bien sûr. À côté des plus petits spécimens se trouvait un énorme orang-outan, aussi grand qu'un homme et couvert de longs poils roux. Il semblait très intelligent, mais son regard se perdait parfois dans le vide d'un air absent, alors qu'il tirait de manière obsessionnelle les poils au sommet de son crâne. C'était un spectacle très émouvant. Mon ami docteur voulut lui donner une noix, mais il n'osa pas passer ses doigts entre les barreaux. L'interstice était trop étroit pour que l'animal y glissât sa main mais, comptant bien obtenir son dû, le singe colla ses lèvres au travers et les étira au maximum ! Je ris aux éclats : j'avais vu des bouches faire des choses incroyables, mais celle-ci les surpassait toutes. Je pouffai de plus belle lorsque notre compagnon primate m'adressa un sourire. Il avait réussi à obtenir sa noix !

Le médecin lui proposa ensuite un cigare. L'orang-outan ne le prit pas mais l'effleura du dos de la main avant de la porter à ses narines et de partir de nouveau dans une contemplation rêveuse tout en lissant ses poils vers sa nuque.

Dans un bureau du télégraphe situé au deuxième étage d'un immeuble, je rencontrai des agents qui parlaient anglais. Ils acceptaient les dollars à leur pleine valeur, à l'exclusion de toutes les autres monnaies. La banque et le bureau de poste sont des lieux ouverts aussi accueillants que des entrepôts sur les quais. Les employés y sont chinois ou anglais.

Nous avons dîné à l'hôtel de l'Europe, un bâtiment blanc tout en longueur derrière une immense pelouse. Il y avait une très belle esplanade en face de la mer. Sous une véranda, des Chinois nous servirent de délicieux mets sur une grande table blanche.

Tandis que nous rentrions de la maison du gouverneur, je perçus un drôle de tintamarre, semblable aux charivaris que l'on entend le soir après une élection présidentielle.

« C'est un enterrement, nous informa mon chauffeur malais.

– Hé bien ! Si vous dites vrai, je viendrais me faire enterrer chez vous ! » lui répondis-je.

Il immobilisa son *gharri* sur le bas-côté, et nous attendîmes impatiemment le passage de la procession menée par des trompettes tonitruantes. En tête arrivèrent des hommes portant des drapeaux en satin blanc et noir, qu'ils agitaient énergiquement afin de dégager la voie des véhicules et des piétons. Vinrent ensuite des musiciens montés sur des poneys malais, qui jouaient du fifre, des cymbales, des tam-tams, des gongs, et martelaient de grands morceaux de fer de toutes leurs forces. Enfin, des porteurs de bannières et des Chinois brandissant des perches au bout desquels se balançaient des cochons grillés et des lampions de toutes tailles fermaient la marche. Les hommes à pied avaient revêtu des pantalons blancs, des sandales et une tunique bleue, alors que les porteurs du cercueil étaient en habits noirs ornés de galons bleus. Ils étaient environ quarante à soutenir le cercueil. Celui-ci reposait sur de longs brancards, dissimulé sous un tissu ocre à pois blancs et entouré de lanternes chinoises et de vessies d'animaux. Les pleureurs suivaient, formant un cortège de *gharris*. Ils étaient habillés de pied en cap de satin blanc et semblaient être les personnes les plus joyeuses de la procession. Nous les regardâmes s'éloigner dans le tintamarre, et revînmes en ville aussi guillerets que si nous étions allés au cirque.

« Je n'aurais manqué cela pour rien au monde, me dit le docteur Brown.

– Tant mieux, car je crois qu'ils ont fait cela rien que pour vous ! » répondis-je en plaisantant.

Comme personne de notre convoi n'était autorisé à passer sous le pont du temple mahométan, nous nous rendîmes dans un temple hindou. C'était une construction basse en pierre, cernée d'un haut mur. Étaient postés à l'entrée des mendiants faibles et aveugles qui demandaient l'aumône en se touchant respectueusement le front. Des prêtres se précipitèrent vers nous pour nous conseiller d'enlever nos chaussures avant d'emprunter le vieux chemin en pierre qui menait au temple. Sa saleté était sacrée, la fouler de mes pieds était un privilège ! Mes camarades obtempérèrent et purent rentrer dans le temple. Quant à moi, ma condition de femme me fit rester à l'extérieur.

« Et pour quelles raisons ? » demandai-je, curieuse de savoir pourquoi mon sexe m'excluait des lieux divins. C'était comme si en Amérique j'avais dû rentrer dans un hôtel par la porte de service, ou autres simagrées de ce genre.

« Non, Señora, pas mère », répondit le prêtre en hochant la tête.

– Mais je n'ai pas d'enfants ! » m'écriai-je tandis que mon compagnon éclatait de rire. Je me mis à rire moi aussi de la situation mais, j'eus beau insister, je fus interdite de visite.

Comme dans d'autres pays, les habitants de Singapour fonctionnent par caste. Leur statut n'est pas établi dans les journaux ou par le voisinage. Chaque homme, femme ou enfant porte une marque de poudre grise sur son front, qui symbolise la caste à laquelle il appartient.

Sur le trajet de retour au bateau, nous nous arrêtâmes devant l'humble maison de notre chauffeur et je pus voir, assise sur le sol, sa jolie petite femme habillée de lin et plusieurs petits bébés malais. Elle portait un gros anneau d'or à son nez, des bagues à ses orteils, plusieurs boucles à ses oreilles et des bijoux aux chevilles. Sur le pas de la porte, j'aperçus un petit singe. À Port-Saïd et Colombo j'avais pu facilement me refréner d'acheter un petit garçon ou une petite fille, mais devant le singe je fondis littéralement. Je marchandai et l'obtins à un bon prix.

« Risque-t-il de me mordre ? » demandai-je au chauffeur.

Il le prit par la gorge pour me le montrer et répondit : « Singe pas mordre. » Dans cette position, le pauvre animal était, il est vrai, totalement inoffensif.

11

Contre la mousson

Nous partîmes le soir même pour Hong Kong. Le lendemain, le bateau affronta une mer agitée et des vents violents. Vers midi, presque tous les passagers avaient disparu. La houle avait grossi et le cuisinier, prit congé. Il y avait discussion parmi les gens restés sur le pont. Pendant le dîner, l'officier en chef s'amusa à raconter dans le menu détail les infortunes des passagers atteints d'un mal calamiteux qui gagnait à présent notre capitaine. J'essayai de ne pas trop y prêter attention, mais je ne pus m'empêcher de l'écouter parce qu'il avait l'art de conter les anecdotes. Mais l'un de ces récits me fit bondir sur mes pieds et courir vers le pont à la recherche d'air frais. Mon ami le docteur, qui était assis en face de moi, se leva au même instant et me suivit à l'extérieur. Je réussis à surmonter mon malaise, contrairement à lui qui s'épancha par-dessus la rambarde. Quand je retournai à table, l'officier en chef avait disparu à son tour. Un peu plus tard, je le vis pâle comme un linge. Il m'avoua avec contrition que ses plaisanteries si réalistes l'avaient rendu malade !

Pendant tout le temps que dura le grain, le médecin m'implora : « Ne commencez pas à être malade, sinon je vais être obligé de l'être moi aussi ! »

La terrible agitation qui secouait l'océan pendant la mousson fut l'une des plus belles choses qu'il m'ait été donné de voir. Je pouvais rester des heures, le souffle coupé, à observer la proue du bateau portée haut dans les airs par une énorme vague puis retomber lourdement comme pour nous entraîner au fond des abysses. Ceux qui ne cachaient pas leur mal de mer venaient s'allonger sur le pont à la recherche d'un peu de fraîcheur. Mais la houle avait beau être effroyable, l'air demeurait lourd et j'avais parfois moi-même l'impression d'étouffer.

Un monsieur, qui s'était montré bien trop prévoyant et insistant envers moi, fut lui aussi très secoué. Je n'étais pas mécontente d'apprendre cela, même si je me sentis un peu coupable devant son visage blême et ses gémissements. Mais, aussi cruel que cela puisse paraître, pas une seule fois je ne le plaignis. Certains hommes se plaisaient à lui jouer de mauvais tours. Quand j'allais m'asseoir sur le pont, ils ôtaient toutes les autres chaises libres, ce qui n'empêchait pas l'homme de s'installer à mes pieds. Enroulé dans sa couverture, il restait immobile, dans un état déplorable, sans me quitter des yeux.

« On pourrait croire que je ne m'amuse pas mais, détrompez-vous, je passe du bon temps », me dit-il un jour d'une voix plaintive.

Une autre fois, il déclara, sans aucun amour-propre : « Vous ne savez pas encore à quel point je suis beau. Restez un peu plus longtemps à Hong Kong, et en moins d'une semaine vous verrez comme je suis joli garçon.

– Je crois qu'il me faudrait au minimum six semaines », répliquai-je froidement.

Finalement quelqu'un lui raconta que j'étais fiancée à l'officier en chef, lequel se montrait assez possessif.

Mais cela ne calma pas les ardeurs de mon prétendant. Un soir d'orage, il me trouva sur le pont et se jeta une nouvelle fois à mes pieds. En s'agrippant aux bras de ma chaise, il me parla fiévreusement : « Pensez-vous que la vie vaille la peine d'être vécue ?

– Oui, je le crois, lui répondis-je en toute sincérité. Rien ne me rend plus triste que de songer à la mort.

– Non, vous ne saisissez pas. Si vous compreniez, vous ne diriez pas ça. Je pourrais vous prendre dans mes bras et nous envoyer par-dessus bord, et avant que les autres se rendent compte de quoi que ce soit nous aurions enfin la paix, lança-t-il avec passion.

– Ne dites pas ça, je ne pense pas être vraiment en paix au fond de…

– Mais si, attendez, je vais vous montrer, je vais vous le prouver. La noyade est comme un long voyage, c'est comme glisser dans un doux sommeil.

– Vraiment ? » fis-je en feignant l'enthousiasme.

J'hésitais à me lever, craignant que le moindre mouvement m'envoie au fond de l'océan. « Dites-m'en plus, je veux tout savoir », continuai-je. Un frisson me parcourut l'échine : j'étais seule sur le pont d'un bateau avec un véritable fou. Alors que le dément développait ses élucubrations, j'aperçus l'officier en chef marcher dans notre direction. Je n'osai l'appeler ni lui adresser un sourire, de peur que mon prétendant le remarque. L'officier risquait pourtant de s'éloigner, mais, non, il me vit et, dans le but de se moquer une fois de plus de cet indéfectible amoureux, il s'approcha sur la pointe des pieds et lui donna une grande claque dans le dos : « Hé bien ! quelle belle scène d'amour vous faites là !

– Venez ! » lui lançai-je vivement en l'entraînant, avant que le fou puisse réagir.

L'officier, croyant toujours s'amuser, prit ma main et nous descendîmes du pont. Lorsque je racontai au capitaine et à lui les faits glaçants dont j'avais été victime, ils voulurent mettre l'homme aux fers, mais je les suppliai qu'on lui laissât sa liberté. En revanche, je pris garde à ne plus jamais me trouver seule en sa compagnie…

New York World, 19 décembre 1889

NELLIE BLY EST DANS LES TEMPS

Elle est arrivée à Singapour hier et est en route pour Hong Kong

---

EN 34 JOURS, ELLE A PARCOURU LA MOITIÉ DU MONDE

Nous avons reçu hier des nouvelles de notre globe-trotteuse / Elle sera à Hong Kong la veille de Noël, quatre jours avant de reprendre la mer.

Nellie Bly était hier à Singapour. Aujourd'hui, elle vogue en mer de Chine, en route pour Hong Kong, où elle est attendue le 24 décembre. Jusqu'ici tout va bien. Elle peut sûrement être retardée de quatre jours en parcourant les 1 850 kilomètres entre Singapour et le port chinois ; ce qui lui laisse dix jours pour arriver à destination – 185 kilomètres par jour, c'est ce qui s'appelle les lenteurs du progrès ! Les conditions météorologiques sont difficiles en mer de Chine à cette époque de l'année, raison pour laquelle elle aurait grandement besoin de cette marge de manœuvre. En ce moment même, des bateaux naviguant dans cette région du monde ne cessent d'être retardés à cause des intempéries. Gageons que la bonne étoile de cette jeune femme courageuse sera plus forte que la mousson et les terribles typhons.

Une nuit pendant la mousson, une terrible vague recouvrit totalement le bateau, et je trouvai ma cabine inondée. Ma couchette, fort heureusement, fut épargnée. Il m'était impossible de sortir de la chambre par le pont inférieur, car je ne pouvais discerner le pont recouvert d'eau des flots en furie. Je me recroquevillai sur ma couchette en songeant avec terreur et résignation que ma dernière heure était venue, que le bateau s'abîmerait dans la mer. Mais d'un autre côté, pensai-je presque aussitôt, si nous coulions, personne ne pourrait dire si j'étais oui ou non en mesure de faire le tour du monde en soixante-quinze jours… Je trouvai quelque réconfort dans cette pensée, convaincue que j'étais alors de ne pas venir à bout de mon aventure en moins de cent jours.

Je me serais souciée de ce qui allait m'arriver n'avais-je été une grande fataliste : si ce bateau doit sombrer, je paniquerai au dernier moment. S'inquiéter ne changera rien au cours de l'histoire, et si finalement nous ne coulons pas, alors je ferais mieux de ne pas gâcher ma nuit. C'est ainsi que je me rendormis promptement et profondément.

Au petit matin, le bateau poursuivait sa route à travers une mer très agitée. Le pont était trempé mais dégagé.

En sortant de ma cabine, j'aperçus mon joyeux ami irlandais, que j'aimais beaucoup, qui s'étirait de manière alanguie sur une chaise. Sur ses accoudoirs, une bouteille de champagne et un verre. Cette nuit, à chaque tangage du bateau, il s'était promis de débarquer à Hong Kong et de rentrer chez lui par le continent !

« Vous auriez dû voir mon compagnon de cabine hier soir ! » me lança-t-il alors que je m'assis à ses côtés. L'homme dont il parlait était cet Anglais très brillant qui ne cachait pas son aversion pour les femmes – bien entendu, nous ne loupions pas une occasion de nous moquer de lui.

« Quand notre cabine s'est remplie d'eau, il s'est levé, a enfilé son gilet de sauvetage et a commencé à écoper avec sa boîte à cigares ! »

Je ris tant que mes côtes me firent mal quand j'imaginai cet homme rondouillard engoncé dans ce grand gilet de sauvetage et tenant à la main ce minuscule contenant rempli d'eau ! Même celui-ci était investi d'une sainte mission dans le tableau que je m'en faisais. Je m'essuyais encore les yeux quand le fameux Anglais vint à notre rencontre et, en nous entendant nous esclaffer, déclara : « Alors que j'écopais l'eau de la cabine, le jeunot [ainsi que nous appelions mon ami irlandais] est resté tout le temps sur la couchette supérieure à marmonner des prières ! Il était persuadé que nous allions couler, et je n'arrivais pas à le faire descendre pour m'aider. Prier, c'est tout ce qu'il savait faire. »

Le jeunot rétorqua : « Je ne voulais en aucun cas passer le reste de la nuit avec mon pyjama mouillé », après quoi l'Anglais battit en retraite.

Un peu plus tard, le roulis devint effroyable. J'étais

assise sur le pont lorsque tout d'un coup le bateau piqua droit de la proue comme un wagon dans une ornière. Je fus éjectée de ma chaise et volai jusqu'à l'autre bout du pont. Un jeune homme se précipita pour me relever mais le bateau repartit en arrière plus encore à la verticale. Je volai de nouveau vers ma chaise et fort heureusement j'agrippai au passage une rampe qui m'empêcha de me rompre le cou. Sans elle, j'aurais été projetée dans les cieux jusqu'au salon situé sur le pont inférieur.

Toujours accrochée à la rampe, je vis que l'homme venu à ma rescousse était à présent adossé à un mur les pieds en l'air. Cette vision absurde me fit d'abord pouffer. Mais il restait immobile, aussi j'accourus à ses côtés, mon rire devenant de plus en plus nerveux. Je découvris qu'il saignait abondamment du nez, et le tableau me parut encore plus grotesque. Je l'aidai à s'asseoir sur une chaise puis courus chercher le médecin, riant toujours compulsivement. L'homme avait le nez cassé, et son visage en garderait les stigmates. Même mes compagnons gloussèrent lorsque je leur racontai l'accident et, bien que je fus attristée pour lui, je pouffais chaque fois que j'essayai de lui exprimer ma gratitude.

Les passagers du bateau étaient tous assez particuliers. C'est un trait de caractère que j'apprécie chez les gens. Un jour, en parlant du bateau, je déclarai : « Tout est bien mieux que sur le *Victoria*. La cuisine est bonne, les passagers sont raffinés, les officiers sont polis et le bateau est confortable. »

Quand j'eus terminé, une jeune mariée, qui nous avait intrigués pendant la traversée, se tourna vers moi et ajouta : « C'est exact, tout est parfait, mais il faut avouer que ces gilets de sauvetage sont peu commodes pour dormir. »

Un silence surpris s'installa, puis le salon retentit d'un grand rire sonore. La mariée nous expliqua que, depuis le début de leur voyage de noces, son époux et elle avaient enfilé chaque nuit leur gilet de sauvetage avant de se coucher ! Ils pensaient que telle était la procédure en mer.

Mais je ne saisis l'étendue de l'étrangeté des passagers que lorsque nous arrivâmes à Hong Kong. Nous débarquâmes avec deux jours d'avance sur la date prévue, et ce malgré les tempêtes essuyées en mer. En accostant, un passager décida de poursuivre la compagnie pour nous avoir fait arriver en avance. Il soutenait que le prix de son billet avait été calculé en fonction de la durée du voyage et que, si le bateau l'emmenait à destination plus tôt que prévu, alors il était normal que la compagnie paie son séjour à l'hôtel jusqu'à la date annoncée.

Pendant la traversée, le capitaine proposa à un pasteur présent à bord de conduire la messe à sa place. Il s'exécuta volontiers mais, arrivé à Hong Kong, il remit au capitaine une facture de deux livres ! Il déclara qu'il était alors en vacances et qu'il ne comptait pas travailler pendant ces jours de repos à moins d'être rémunéré ! La compagnie paya mais obligea ses officiers à demander le tarif des hommes d'Église avant de leur proposer de conduire tout office religieux.

Le soir du 22 décembre, la dernière nuit avant Hong Kong, quelques-uns d'entre nous se réunirent sur le pont, sous une faible lumière. Les hommes chantaient, racontaient des histoires. Nous n'étions que deux femmes à écouter cette aimable compagnie. Nous voulions tous assister au lever du soleil, et pourtant ce désir était teinté de mélancolie. Dans quelques heures nous atteindrions Hong Kong ; en débarquant un nouveau monde s'offrirait à nous, en même temps qu'il nous séparerait de nos chers amis.

12

En Chine britannique

Nous découvrîmes Hong Kong au petit matin. Du flanc d'une montagne, des maisons d'un blanc éclatant pareilles à des châteaux semblaient nous souhaiter la bienvenue. Un coup de canon annonça notre entrée au port car, nous expliqua le capitaine, telle était la coutume pour les navires qui transportaient le courrier britannique. La magnifique baie, en forme de fer à cheval, était entourée de montagnes. Ce n'est qu'une fois dans le port que l'on discernait, partant dans différentes directions, des petits canaux, si petits qu'il paraissait impossible qu'un navire puisse s'y glisser. En vérité, ils ont la réputation d'être très dangereux. La plus grande attention est de mise jusqu'à ce que les bateaux qui les empruntent gagnent enfin la mer. La baie, étincelante comme un miroir sous les rayons du soleil, était mouchetée de petites embarcations de tous genres et de tous pays : cuirassés, torpilleurs, bateaux à vapeur, *lorchas*, jonques et sampans. Nous regardâmes, fascinés, un bateau chinois se faufiler parmi les esquifs pour gagner la mer. Son imposante poupe colorée sortait largement de l'eau et sa proue était sertie d'un énorme œil. Je le trouvai magnifique, même si j'entendis un officier le décrire comme hideux et de grossière facture.

Hong Kong est très pittoresque. Elle est construite en terrasses, d'où s'élèvent des genres de palais tout en arcades, sur le versant verdoyant de la montagne. Ces habitations forment des rangées si régulières que de loin le versant ressemble à un escalier monumental, où chaque terrasse serait une marche.

Le médecin, un autre homme et moi-même quittâmes le bateau. Au bout de la jetée, des chaises à porteurs attendaient de nous conduire en ville. Nos porteurs étaient tout aussi pressés que les *hackmen*[1] des gares d'Amérique. Réussir à se hisser correctement dans une de ces chaises demande une certaine pratique. La chaise est posée à terre, les hommes inclinent les brancards, l'astuce consistant à monter à reculons, dos à la chaise. Une fois que l'on est installé, ils hissent les brancards sur leurs épaules et se lancent à petit trot, comme des chevaux.

Nous longeâmes le rivage, dépassant des entrepôts et des immeubles à balcons dans lesquels s'entassent des centaines de familles chinoises. Ces balcons auraient donné un certain charme aux bâtisses s'ils n'avaient pas été surchargés de linge, comme si on y célébrait le festival de la lessive. Les vêtements étaient accrochés à des poteaux, telles des vestes suspendues à un portemanteau.

La ville semblait à l'abandon, les routes étaient sales et les autochtones négligés, de même que leurs maisons, leurs bateaux et leurs porteurs, avec leurs queues-de-cheval enroulées autour de leurs têtes à demi rasées. Ils filaient à pas rapides, aboyant sur les passants inopportuns, qui déguerpissaient aussi vite qu'un promeneur sur une voie ferrée lorsqu'il entend le sifflement d'un train derrière lui.

1. Conducteurs de taxi.

Nos porteurs quittèrent le rivage et s'engagèrent sur l'un des chemins qui montaient vers la montagne en terrasse.

Pour ma part, je ne souhaitais qu'une chose : me rendre aussi rapidement que possible au bureau de la compagnie Occidental & Oriental Steamship afin de savoir quand je pourrais partir pour le Japon, et ainsi continuer mon tour du monde. Dans mon cahier, je venais de consigner mon trente-neuvième jour de voyage. Je n'avais quitté New York que depuis trente-neuf jours et j'étais déjà en Chine. J'étais particulièrement de bonne humeur : ce bon vieil *Oriental* avait non seulement rattrapé les cinq jours de retard accumulés à Colombo mais était aussi arrivé à Hong Kong avec deux jours d'avance, malgré la mousson. C'était la première fois qu'il naviguait jusqu'en Chine, et il avait battu tous les records de traversée entre Colombo et Hong Kong.

J'entrai donc dans les bureaux de la O&O sur un petit nuage et confiante en l'avenir.

« Pourriez-vous m'indiquer la date du prochain bateau pour le Japon ? demandai-je à un homme derrière son comptoir.

– Un instant, je vous prie », dit-il avant de disparaître dans l'arrière-boutique.

Il revint avec un homme qui me dévisagea. Je lui répétai ma question et il répondit : « Quel est votre nom ?

– Nellie Bly.

– Suivez-moi, suivez-moi », fit-il nerveusement.

Je le suivis dans son bureau, et après m'être assise il déclara : « Vous allez être battue.

– Je vous demande pardon ? Non, je ne crois pas. J'ai rattrapé mon retard, vous savez », répondis-je, surprise.

Je me demandais si le *Pacific* avait coulé ou si tous les bateaux de la ligne avaient été détruits.

« Vous allez la perdre, assura-t-il avec conviction.

– La perdre ? Je ne comprends pas, de quoi parlez-vous ? insistai-je.

– C'est bien vous qui faites le tour du monde, n'est-ce pas ?

– Oui, c'est bien moi. Je fais une course contre la montre.

– Lamontre ? Non, elle ne s'appelle pas comme ça.

– Elle ? Mais qui, elle ? » répétais-je, pensant tout bas : Pauvre homme, il est dérangé – hésitant à faire un signe à mon ami médecin afin que nous prenions la poudre d'escampette.

« Oui, l'autre femme, elle va gagner la course. Elle est partie d'ici il y a trois jours. »

Je dévisageai mon interlocuteur puis me tournai vers mon ami. Étais-je bien réveillée ? Je conclus que l'homme avait perdu la tête, aussi me forçai-je à rire l'air de rien. Mais je ne pus m'empêcher d'insister bêtement : « Mais quelle autre femme ?

– Eh bien, oui, expliqua-t-il vivement. Vous ne saviez pas ? Le jour de votre départ de New York, une autre femme est partie de son côté pour vous battre. Et les choses s'annoncent plutôt bien. Elle a quitté Hong Kong il y a trois jours. Vous l'avez sûrement croisée vers le détroit de Malacca. Elle dispose de passe-droits qui lui permettent de faire partir n'importe quel bateau selon son bon plaisir. Son rédacteur en chef a versé mille ou deux mille dollars à la compagnie O&O pour qu'elle autorise l'*Oceanic* à quitter San Francisco deux jours avant la date prévue. Les membres de l'équipage n'étaient pas d'accord, mais ils ont fait de leur mieux pour qu'elle attrape le navire postal anglais à destination de Ceylan. S'ils n'avaient pas accosté autant en avance, elle l'aurait loupé et cela lui aurait valu dix jours de retard. Mais ils ont réussi ! Elle est arrivée à Hong Kong et est repartie il y a trois jours. Quant à vous, vous allez être coincée en ville pour cinq jours.

– Ha ! Oui, ce n'est vraiment pas de chance, balbutiai-je en me forçant à sourire alors que j'étais proprement dévastée.

– Je suis étonné de vous apprendre cette histoire. Elle agissait comme si vous étiez au courant de la compétition.

– S'il y avait eu une compétition, mon rédacteur en chef m'aurait prévenue, déclarai-je vigoureusement. Avez-vous reçu des câbles pour moi de New York ?

– Non, rien.

– Alors eux non plus ne sont pas au courant de son existence, me réjouis-je.

– Si, je vous assure. Elle travaillait pour votre journal jusqu'à ce qu'elle parte.

– C'est incompréhensible, dis-je calmement, trop fière pour avouer mon ignorance. Et vous dites que je ne peux pas partir d'ici avant cinq jours ?

– Non, et je ne crois pas que vous puissiez rallier New York en quatre-vingts jours. La demoiselle compte le faire en soixante-dix jours. Elle a des papiers officiels qu'elle montre aux capitaines de bateau, avec ordre de faire tout ce qu'ils peuvent pour la mener à bon port. Avez-vous de tels papiers ?

– Seulement une lettre d'un agent de la P&O stipulant que je dois être bien traitée parce que je voyage seule. C'est tout. »

J'esquissai un maigre sourire.

« Ma foi, c'est bien dommage. Vous allez perdre,

c'est sûr. Cinq jours ici, cinq autres à Yokohama… les voyages sont longs en cette saison. »

À cet instant, un jeune homme aux yeux noirs et au teint pâle entra dans le bureau. L'agent, qui se nommait Mr Harmon, nous le présenta comme Mr Fuhrmann, le commissaire de bord de l'*Oceanic*, bateau qui devait m'emmener au Japon puis en Amérique. Ce dernier me serra la main énergiquement, et son regard plein de sympathie suffit à me réchauffer le cœur.

« J'étais parti vous chercher à votre descente de l'*Oriental*, sur les conseils de Mr Harmon. Maintenant que vous êtes arrivée, nous allons prendre soin de vous. Toutes mes excuses pour la rencontre manquée. Je suis passé à votre hôtel mais ils ne vous avaient pas enregistrée. Je suis revenu ici, de peur que vous vous soyez perdue.

– Je n'ai rencontré que des gens attentionnés, répondis-je aux côtés de mon ami médecin, lui aussi sous le choc de la mauvaise nouvelle. Je ne voudrais pas vous poser de problèmes.

– Des problèmes ! Nous serons ravis de pouvoir vous aider, s'exclama-t-il. Et ne soyez pas peinée par ces histoires de compétition. Vous n'avez pas eu de chance durant vos escales, et tout le monde sait que vous étiez la première à avoir l'idée de ce tour du monde.

– J'ai promis à mon rédacteur en chef que je ferais le tour du monde en soixante-quinze jours, et si je réussis je serais satisfaite, expliquai-je d'un ton ferme. Je ne fais de course avec personne. Je m'y refuse. Si certains veulent faire ce tour du monde plus vite, c'est leur problème, pas le mien. J'ai juré d'y arriver en soixante-quinze jours, soyez sûr que je m'y tiendrai. Si l'on m'avait permis de réaliser ce tour du monde il y a plus d'un an comme je l'avais proposé, je l'aurais sans doute fait en soixante jours. »

Après avoir arrangé le transfert de mes bagages et de mon singe de l'*Oriental* à l'*Oceanic*, nous nous rendîmes à l'hôtel où ma chambre avait été préparée. Après le repas, je discutai avec bon nombre de gens qui s'enquirent de mon voyage et me promirent de me faire passer ces cinq jours d'escale forcée le plus agréablement possible.

Comme je n'avais qu'une robe à ma disposition, je déclinai tous les dîners et réceptions proposés en mon honneur. Un après-midi, la femme d'un dignitaire de Hong Kong vint me proposer l'hospitalité. En dépit de sa grande bonté, je ne pus accepter : je comptais occuper mon temps à visiter la ville, j'allais perturber les horaires de la maison et je souhaitais rester libre d'aller et venir à ma guise. Elle insista, mais je lui assurai que je n'étais pas ici pour le plaisir mais bien pour le travail.

J'allai dîner à bord de l'*Oriental* et, à la fin du repas, alors que je faisais mes adieux au capitaine et aux officiers, je me retins de m'agripper à ces hommes qui s'étaient montrés si prévenants envers moi. Le lendemain matin le bateau reprit la mer, me laissant une nouvelle fois seule dans un pays aussi étrange que ses habitants.

Ce soir-là, le commissaire de bord de l'*Oceanic*, un ami et moi-même nous rendîmes en chaises à porteurs par une route sinueuse bordée d'arbres dont le bruissement ne troublait nullement la paisible nuit.

Seuls nos rares échanges à voix basse et les slap-slap-slap régulier des pieds nus des hommes sur la route venaient troubler l'atmosphère endormie. La terre entière semblait au repos. Nous avancions sur la route, contemplant çà et là les lueurs des lampes à gaz à l'entrée des jardins et les demeures orientales cossues. Enfin, après avoir gravi une pente escarpée, nous surplombâmes la ville. Elle s'étalait sous nos yeux, dans la pénombre silencieuse. La voûte étoilée du ciel nous semblait encore inaccessible. Nous repartîmes et passâmes par une grande porte, puis de nouveau sur une route obscurcie par le feuillage des arbres, et finalement, après avoir franchi une autre grande porte, apparut une douce lumière accueillante : notre voyage était terminé.

À l'intérieur, nous fûmes accueillis chaleureusement, chaleur confortée par le grand feu de bois qui nous attendait dans la pièce. Je n'avais qu'une envie : me mettre en boule devant la cheminée pour me laisser aller à rêver. Mais il me fallait retrouver mes amis, puis savourer le merveilleux dîner qui nous attendait. Je passai une délicieuse soirée, assise à une table chargée de mets exotiques et présidée par un homme si beau qu'il paraissait irréel, en compagnie d'invités adorables avec qui je m'entendis très bien.

On dit que les gens ne vivent pas vieux à Hong Kong. Ce constat vient sûrement du fait que tous sans exception paraissent jeunes. Alors que j'en demandai la raison à quelques amis, ils me dirent que leur hédonisme les empêchait de devenir *blasés** et les baignait dans la joie et l'allégresse.

Peu de troupes professionnelles se produisent au théâtre de Hong Kong, mais les comédiens amateurs ne laissent rien à désirer. Les colons britanniques s'y investissent tous et confectionnent eux-mêmes leurs costumes. Pour jouer les officiers, rien de mieux que les membres d'un régiment britannique ! J'assistai un soir à une représentation d'*Ali Baba et les quarante voleurs*, interprétée par le Club d'art dramatique de Hong Kong.

Après la pièce, ce fut un spectacle ravissant que de voir ces femmes si bien apprêtées monter dans leurs chaises à porteurs et disparaître dans la nuit sous les tressautements des lanternes chinoises. C'est un luxe d'avoir sa propre calèche, bien sûr, mais il est encore plus luxueux de posséder sa chaise et ses porteurs. Une jolie chaise aux brancards argentés et aux rideaux de soie coûte moins de vingt dollars. Certaines femmes achètent quatre chaises et huit porteurs, qui sont si bon marché qu'elles peuvent se permettre de les payer à ne rien faire. Les familles riches de Hong Kong disposent de leur propre chaise à porteurs. Les hommes aiment les chaises en bois de peuplier ouvertes avec marches amovibles, tandis que les femmes préfèrent les chaises à rideaux, pour traverser la ville à l'abri des regards. Les chaises les plus luxueuses ont des porte-ombrelles, des rangements, des petits coffres.

À chaque port où je débarquai, je trouvai tant de séduisants célibataires ! Je me suis demandé pourquoi les femmes ne partaient pas chercher le grand amour vers l'Orient. On a bien dit à une époque aux jeunes hommes en quête de fortune : « Partez à l'Ouest, mon ami ! », et bien moi je dirais : « Les filles, partez à l'Est ! » Il se trouve là-bas plus de cœurs à prendre qu'il n'en faut ! Et on ne peut rêver meilleurs partis. Ils possèdent des maisons magnifiques et n'ont pas une mais plusieurs personnes à leur service. Pensez-y, Mesdemoiselles : « Partez à l'Est ! »

Le deuxième jour de mon arrivée à Hong Kong, le capitaine Smith de l'*Oceanic* demanda à me rencontrer. Je m'attendais à voir un vieil homme au visage buriné par les embruns mais, quand je me rendis dans le salon, je me trouvai face à un beau jeune homme, aux yeux si bleus qu'ils paraissaient avoir pris la couleur de la mer un jour de soleil radieux. Lorsqu'il me sourit et que j'observai son doux visage que rehaussait une fine moustache brune, je dus afficher un air stupide et je me retins de glousser : dire que je m'étais figuré un vieil homme barbu ! Ses yeux rieurs et sa silhouette élancée n'avaient pas grand-chose à voir avec le regard austère et l'allure rondouillarde du capitaine de mon imagination ! Je laissai échapper un rire.

Après cette première entrevue, je lui confiai un jour : « Vous étiez si différent de ce à quoi je pensais !

– Quant à moi, je n'arrivais pas à croire que vous étiez la personne dont on m'avait parlé, répondit-il. Je m'attendais à une vieille fille acariâtre. On vous avait décrite en si mauvais termes que j'avais fini par espérer que vous manquiez le bateau. Je m'étais dit que je vous ferais dîner ailleurs qu'à ma table. »

Le jour de notre première rencontre, le capitaine m'emmena visiter la « Vallée heureuse ». Nous passâmes en pousse-pousse devant des boutiques et des terrains de cricket où l'on disputait des matchs, puis devant la mairie et les solides et austères casernes ; enfin apparurent les longues routes bordées d'arbres, les montagnes, les prairies. L'une d'elles avait été convertie en hippodrome. La tribune des juges était très ordinaire comparée à celles des familles chinoises construites en palmier.

Les courses s'y déroulent chaque année au mois de février. Les trois derniers jours du mois, qui sont fériés, riches et pauvres se pressent autour du champ de courses. Les montures sont des poneys de Mongolie, et les courses ont la réputation d'être très excitantes.

La « Vallée heureuse » est à flanc de coteau. Elle abrite les sépultures des adorateurs du feu, des presbytériens, des épiscopaliens, des méthodistes, des catholiques, des mahométans, tous habitants de Hong Kong de différents cultes et différentes nationalités, placés côte à côte pour l'éternité. La « Vallée heureuse » tire son nom de cette communion paisible, mais aussi de la beauté du lieu. La plaine est aussi belle que les jardins de la ville, en témoignent les habitants qui s'y promènent comme dans un parc, y contemplant les arbustes et les fleurs avec tant de naturel que l'on en oublie qu'il s'agit d'un cimetière.

Nous revînmes en ville à travers les quartiers animés, où des hommes et des femmes s'entassent sur une poignée de mètres carrés. On raconte que dans un quartier de Hong Kong mesurant environ un kilomètre carré on peut trouver plus de cent mille personnes. Ceci montre bien à quel point la Chine est pleine à craquer. Les Chinois me font penser à des fourmis sur un tas de sucre. La ville de Hong Kong encourage ses entrepreneurs à construire différemment afin d'éviter la propagation des inévitables maladies que ces conditions de vie entraînent.

La grande avenue de la ville, Queen's Road, est intéressante dans bien des domaines. Elle est située dans le Hong Kong Club, où se trouvent les beaux jeunes hommes célibataires, le bureau de poste et, cerise sur le gâteau : les boutiques. Les échoppes ne sont pas grandes, mais leurs murs sont tapissés de placards vitrés de bois noir. On ne peut qu'être grisé à la vue de l'or, de l'argent, des statuettes d'ivoire, des éventails, des rouleaux de parchemins peints. La douce odeur qu'exhalaient les boîtes en bois de santal ne donnait envie que d'une chose : tout acheter.

Les commerçants chinois sont cordiaux et savent faire l'article, présentant judicieusement aux clients leurs marchandises les plus précieuses. Ils ne sont jamais loin lorsqu'on déambule mais ne forcent toutefois pas à l'achat.

En poussant plus loin mon exploration, flânant devant des boutiques qui auraient mérité bien plus d'une visite, je passais devant un restaurant. Il en émanait un mélange de curieuses effluves. Au milieu de la salle trônait une table, entourée d'un grand banc circulaire. Des clients y étaient assis, leurs pieds non pas posés au sol, leurs jambes non pas croisées comme le ferait un Turc ou un tailleur, mais les genoux collés l'un contre l'autre et tenus tout près de leur visage. Ils ont un bol de riz sur leurs genoux, pressé contre leur menton, et poussent le riz énergiquement jusqu'à leur bouche à l'aide de baguettes. Ils boivent beaucoup de thé, pas seulement lors des repas mais toute la journée. Les tasses n'ont pas de soucoupe, et le thé se boit sans sucre ni lait.

Les écrivains professionnels, que l'on déniche dans les coins et recoins des rues principales, sont des personnages intéressants. En plus d'être écrivains publics, ils disent la bonne aventure, et un client ne manquera pas une occasion de se faire prédire l'avenir. J'ai remarqué que, lorsque l'on paie le commerçant, il soupèse invariablement les pièces de monnaie. Il est aussi fréquent qu'ils tamponnent les dollars de leur sceau personnel, en gage d'authenticité. Les pièces sont si cabossées par ce traitement spécial que j'ai au début hésité à les accepter.

J'ai pu observer la procession d'un mariage à Hong Kong. Un orchestre s'escrimant à se faire entendre, défile en tête, suivi par des coolies transportant de curieux objets dorés et bleus, qui, à ce qu'on m'a dit, représentent des scènes historiques et mythologiques. Ils portent également de très belles lanternes chinoises et des bannières colorées. On raconte aussi que les processionnaires vont poser en offrande un cochon rôti dans un temple, soigneusement récupéré ensuite par les convives du mariage.

Il ne faut pas compter trouver du travail à Hong Kong. Les banques et les compagnies de bateaux, entre les mains des Européens, embauchent des hommes uniquement venus ici pour trois ou cinq ans. Lorsqu'une place se libère, pour cause de décès ou de renouvellement de poste, la maison mère envoie immédiatement un remplaçant.

J'allai visiter un jour le pic Victoria, nommé ainsi en l'honneur de la Reine. Culminant à cinq cent cinquante mètres d'altitude, c'est le sommet le plus haut de la région. Un funiculaire part de la ville jusqu'à Victoria Gap, un col de montagne qui s'élève à trois cent trente mètres. Le funiculaire a été inauguré en 1887. Avant cela, les habitants se contentaient de chaises à porteurs.

L'année de sa création, le funiculaire transporta 148 334 passagers. Le tarif est de trente cents pour la montée et quinze cents pour la descente. L'été, l'atmosphère à Hong Kong est si étouffante que certains viennent chercher un peu de fraîcheur dans la montagne. Les terrasses ont été construites par dynamitage, et chaque brique, pierre et meuble a été transporté par les coolies de la ville à près de cinq cents mètres de hauteur.

Au Victoria Gap, nous réservâmes des chaises à porteurs et fûmes conduits jusqu'à l'hôtel Craigiburn, géré par un homme noir. Cet hôtel, d'un style oriental, est très librement fréquenté par les habitants de Hong Kong ainsi que par les touristes. Après avoir visité les lieux, on nous y servit le plus délicieux des déjeuners, puis nous partîmes en direction du pic Victoria. Cette ascension exigea trois porteurs pour notre seule chaise. Nous fîmes une petite pause salutaire au « Umbrella Seat », un simple banc surplombé d'un toit en pointe, puis nous continuâmes notre chemin, dépassant les touristes et les nourrices avec leurs enfants. Une ultime halte, et nous marchâmes tous ensemble jusqu'au sémaphore.

Le panorama est sublime : la baie, cernée de montagnes, s'étend sous vos yeux, paisible et superbe, et des centaines de bateaux, qui ressemblent à des petits jouets, constellent le tableau. De blanches maisons palatiales s'étalent du rivage étincelant jusqu'au pied de la montagne. Chacune d'elles possède un cours de tennis creusé dans la montagne par dynamitage. On dit que la nuit, en contemplant les milliers de lanternes des bateaux, des porteurs, des routes et des maisons, on se sent pris entre deux voutes étoilées. Celle qui se déployait devant nous était encore plus féerique.

Un matin de bonne heure, le fier propriétaire d'un élevage de poneys, les plus beaux de Hong Kong, passa me chercher à l'hôtel pour m'emmener en promenade. À bord d'un confortable phaéton tiré par ces vifs poneys, petits mais robustes, nous fîmes un grand tour de la ville et rejoignîmes la route qui longeait le rivage. De là, nous avions une belle vue sur les cales sèches en granit assez immenses pour accueillir les plus grands navires. Comme les contempler de loin me suffit, je déclinai la proposition d'aller les visiter.

Je visitai deux étranges temples. L'un était bas et quelconque, mais présentait un autel très tapageur. Les marches de pierre qui y conduisaient étaient chargées de mendiants pouilleux. Plutôt que d'attirer la compassion, ils suscitaient le dégoût.

L'autre temple était situé près d'un lavoir où les lavandières, plantées au milieu d'un courant d'eau, tapaient leur linge contre des pierres plates. Ce temple simple mais pittoresque était creusé, comme une caverne, dans un énorme rocher. Le bord du rocher formait l'autel, devant lequel les Chinoises affluaient et priaient pour donner naissance à des garçons, afin qu'ils prennent soin d'elles dans leurs vieux jours.

Après avoir vu tout ce qu'il y avait à voir à Hong Kong, je décidai de partir explorer une authentique ville chinoise. Nos dernières lois américaines essayaient d'empêcher l'immigration chinoise sur nos sols, aussi voulais-je les saluer sur leurs terres, leur rendre une visite d'adieu, si l'on peut dire ! C'est ainsi que, la veille de Noël, je me mis en route vers Canton.

13

Noël à Canton

L'agent de la compagnie O&O m'escorta jusqu'au *Powan*, qui devait me conduire à Canton. Il me confia aux bons soins du capitaine Grogan, un Américain qui vivait depuis fort longtemps en Chine. C'était un homme d'une timidité maladive, mais très bienveillant. Il était gros d'une façon presque comique, et je réprimais un rire chaque fois que je voyais son corps rondouillet et sa tête rougeaude engoncée dans ses grasses épaules. Je suis moi-même assez chatouilleuse quand il est question de mon apparence, aussi me gardais-je bien de plaisanter à ce sujet. Je réponds toujours à ceux qui critiquent mon menton, mon nez ou ma bouche, qu'on ne peut échapper aux attributs que la vie vous donne, pas plus qu'on ne peut échapper à la mort.

« Jasez autant que vous voudrez sur mon chapeau ou ma robe, je peux les changer, mais rien ne sert de me reprocher mon nez, car je suis née avec. »

Cette maxime en mémoire, je rempochai mon air badin et me pris de sympathie pour le brave capitaine.

Le crépuscule tomba peu après notre départ. Je montai sur le pont et contemplai le paysage disparaître dans la nuit. Le bateau avançait avec une force tranquille, entouré seulement du clapotis de l'eau – le bruit le plus apaisant au monde.

Rester assise sur le pont silencieux à écouter les flots embrasser la proue du bateau, sous la faible lueur du ciel piqueté d'étoiles : c'était pour moi le paradis sur terre. Bien sûr, nous aimons la compagnie des hommes, la splendeur du soleil, la douceur de la lune, la beauté de la musique. Mais, au lieu du monde et de son agitation, laissez-moi seule dans un fauteuil sur un pont ; quant au soleil, il peut bien s'évanouir dans la fraîcheur de la nuit. Laissez-moi, bercée doucement par les flots, enveloppée dans une obscurité de velours. Mon astre sera le faible éclat des myriades d'étoiles ; ma musique, le clapotis des vagues, rythmant les battements de mon cœur et grisant mon esprit ; en compagnie de mes songes, je suis la plus heureuse des femmes.

Mais fini de rêvasser. Je suis en pleine course autour du monde, et je lutte contre le temps. Après le dîner, quand le bateau jeta l'ancre en attendant la prochaine marée, je descendis observer les passagers chinois. Rassemblés dans une grande pièce et non dans des cabines, ils pariaient, fumaient de l'opium, dormaient, cuisinaient, mangeaient, lisaient et discutaient. Ils avaient leurs propres couchettes, quelques nattes, et leur nourriture, principalement du riz et du thé.

Nous arrivâmes à Canton à l'aurore. Les Chinois gagnèrent aussitôt la terre ferme, mais les autres passagers restèrent pour le petit-déjeuner.

Pendant le repas, un guide recommandé par le capitaine nous rendit visite et nous expliqua le déroulé de notre sortie. Il se prénommait Ah Cum. Il était vif d'esprit, et nous fûmes charmés par sa prévenance lorsqu'il nous souhaita « Joyeux Noël ! » avant de se présenter. Il me confia plus tard qu'il avait été scolarisé dans une mission américaine basée à Canton. Mais la langue anglaise, il insista sur ce point, était tout ce qu'il avait appris des

Américains. Il ne partageait pas leur religion. Comme lui, son fils étudiait à la mission, et il s'avérait très appliqué. En complément de son salaire de guide, Ah Cum recevait de la part des marchands un pourcentage sur le prix des objets achetés par les touristes. Ces derniers payaient donc évidemment un peu plus cher que le prix normal, et Ah ne leur faisait visiter que les échoppes avec lesquelles il avait passé affaire.

Les traits de Ah Cum étaient plus harmonieux que ceux des Mongoliens : son nez était plus fin et ses yeux moins bridés. Il portait des chaussures de toile noire brodée de perles aux semelles blanches. Un pantalon bleu marine, ou plus exactement des collants, enserrait ses jambes jusqu'aux chevilles, et une tunique bleue amidonnée lui descendait aux talons. En guise de pardessus, une courte veste en soie matelassée, presque semblable à une veste de smoking. Sa coiffure était une interminable natte de jais terminée par un ruban de soie noir. À la naissance de cette natte, il avait enroulé un ruban de la même couleur.

Des chaises à porteurs nous attendaient. Celle de Ah Cum était somptueuse avec ses brancards de bois sombre incrusté de laiton, ses rideaux de soie noir bordés de glands et de franges. Une fois à l'intérieur, vous pouviez vous cacher des regards de la foule. Nos chaises étaient plus ordinaires et possédaient des rideaux qui nous empêchaient d'admirer le paysage. Chaque chaise était portée par trois coolies qui marchaient pieds nus, tout dépenaillés et échevelés. Les coolies de Ah Cum étaient bien plus apprêtés, avec leurs habits de lin bien taillés ornés de pièces de tissus rouges qui rappelaient les costumes de nos clowns.

La chaise de Ah ouvrit le chemin, suivie par mes porteurs. Pendant un moment je ne vis qu'une masse de têtes sombres et de longues nattes, mais je m'habituai et pus distinguer bientôt les éventaires des commerçants et les faciès singuliers des passants. Nous nous engageâmes dans des ruelles sombres en frôlant des étals de poissonniers. L'odeur qui en émanait ne fut pas loin de me donner la nausée. Enfin, nous traversâmes un pont qui surplombait des eaux boueuses.

Nous arrivâmes sur l'île de Shameen, ou Sandy Face, lieu de résidence des Européens de la ville. Chaque entrée de l'île est gardée, car les Célestials, qui nourrissent une haine profonde pour les Européens, ont interdiction d'y pénétrer. L'île est fleurie et les charmantes maisons sont de style oriental. On y accède par des chemins herbeux protégés par de grands arbres et seulement foulés par les porteurs.

C'est ici, pour la première fois depuis mon départ de New York, que je vis la bannière étoilée. Elle flottait au-dessus de la grille du consulat américain. Chose étrange, plus on s'éloigne de chez soi, plus on en est nostalgique. À cet instant, je sentis que je me trouvais très loin de mon cher pays ; c'était Noël, et j'avais croisé beaucoup de drapeaux depuis mon départ. Lorsque je vis flotter celui du consulat dans la brise, j'enlevai mon chapeau et déclarai : « C'est le plus beau drapeau du monde, et je suis prête à rosser quiconque dira le contraire. »

Personne n'osa souffler mot. Lors de la réception, je surpris un Anglais lorgner furtivement vers l'Union Jack hissé au-dessus du consulat britannique. Il se risquait seulement à quelques coups d'œil, comme s'il craignait que je le prenne en flagrant délit.

Le consul, Mr Seymour, nous réserva un accueil des plus chaleureux. Il voulut nous offrir l'hospitalité, mais notre temps était compté et nous dûmes nous contenter de le saluer avant de reprendre la route.

Avant de s'installer en Chine avec sa femme et sa fille, Mr Seymour était éditeur. À son arrivée, il avait découvert avec ravissement les broderies et les statuettes en ivoire, passion qu'il put largement assouvir à Canton. Il se faisait une joie d'aider les touristes à marchander. C'est un homme charmant, espérons qu'il réside longtemps à Shameen, où il porte haut les couleurs du consulat américain.

Canton est très différent de Shameen. On raconte que plusieurs millions de personnes y vivent ! Les rues, pour la plupart grossièrement pavées, mesurent à peine un mètre de large. Les magasins, signalés par de jolies enseignes gravées et bariolées, sont tous ouverts sur la rue, comme s'ils se déversaient sur le trottoir. Chacun abrite au fond un autel richement décoré. Alors que nous passions devant ces échoppes, nous pûmes observer leurs attirantes marchandises, mais également les commerçants et leurs clients. Près du seuil se tient le comptable. Tous les membres de la profession portent de grosses lunettes à monture d'écaille de tortue qui leur donnent un air de grande sagesse. Je songeai que ces lunettes étaient le signe distinctif des employés de bureau, car je n'en ai jamais croisé qui n'en possédaient pas.

On m'avait prévenue qu'à Canton les Chinoises risquaient de me jeter des pierres et qu'elles crachaient volontiers à la figure des touristes. Je n'eus pourtant aucun souci de ce genre. Les Chinois ne sont pas engageants : ils prennent un air abattu comme s'ils portaient la misère du monde sur leurs épaules, et lorsque nos chaises à porteurs passaient devant les boutiques les hommes se précipitaient pour me dévisager comme une bête curieuse. Ils ne montrèrent aucun signe d'animosité, mais quelques femmes me scrutèrent avec plus d'agressivité. Ils semblaient fascinés par mes gants, se risquant parfois à les toucher.

Je crus d'abord que nous nous promenions dans les allées d'une halle. Enseignes, décorations et bâtisses étaient si rapprochées que nous distinguions à peine le ciel, et les boutiques débordant sur la rue donnaient réellement l'illusion d'un marché. Aussi fus-je très étonnée quand Ah Cum m'apprit qu'il s'agissait des ruelles de Canton. De temps en temps, notre cortège de chaises en rencontrait un autre, alors tous s'arrêtaient et criaient jusqu'à ce que la voie soit dégagée et que chacun passe sans encombre.

Le deuxième porteur de ma chaise rendit mon voyage fort inconfortable. La corde qui l'aidait à soutenir un des brancards frottait contre la base de son cou. Je m'inquiétais de voir sa peau rougir. Sa longue queue-de-cheval étant enroulée autour de sa tête, j'avais une vue directe sur la plaie. Ce coolie était de plus assez farouche – il y a autant de tempéraments chez les coolies que chez les chevaux – et, quand il déplaçait la corde de son cou, ma chaise tanguait dangereusement.

Je fis tant d'efforts pour rester droite et immobile que lorsque j'en descendis mon corps était complètement raide. Pour m'être si préoccupée du confort de cet homme, je récoltai à la fin de la journée une puissante migraine.

Les coolies ont la désagréable manie de grogner comme des cochons. Je ne saurais dire si leurs bruits ont une signification particulière mais, quand ils grognent à longueur de voyage, cela s'avère très déplaisant.

J'étais curieuse de voir la place publique sur laquelle se déroulaient les exécutions. Nous passâmes sous une arche puis devant un stand érigé pour les parieurs, entouré d'une foule de gens sales. Certains d'entre eux s'acheminèrent lentement vers nous. Cette place publique ne ressemble à rien de l'image que l'on s'en fait. Elle a l'allure d'une allée tortueuse d'un village de campagne. Je vis plusieurs rangées de pots en terre en train de sécher contre un mur. La femme qui les confectionnait s'arrêta pour papoter avec celle qui les disposait en rangs. La place mesure environ vingt-cinq mètres de long sur huit de large au maximum, puis elle rétrécit. Je fis remarquer à Ah Cum que le sol était très rouge, et il me répondit nonchalamment : « C'est à cause du sang. Onze hommes ont été décapités hier soir », en tapant la terre écarlate du bout de sa chaussure à semelle blanche.

Il précisa qu'il était fréquent d'exécuter entre dix et vingt criminels en même temps. Environ quatre cents personnes sont tuées ici tous les ans et, en 1855, pas moins de cinquante mille rebelles furent décapités.

Tandis qu'il parlait, j'aperçus de grandes croix en bois posées contre les hauts murs de pierre. J'en demandai la raison à Ah Cum, pensant qu'elles servaient à divers rites religieux durant les exécutions. Un frisson me parcourut l'échine lorsqu'il me répondit : « En Chine, quand les femmes sont condamnées à mort, elles sont attachées à des croix et coupées en morceaux. »

Le guide ajouta : « Les hommes sont décapités d'un seul coup, à moins qu'ils aient commis un crime effroyable. Ensuite vient l'exécution des femmes criminelles, pour marquer les esprits. Elles sont crucifiées, puis étranglées ou coupées en morceaux. Le bourreau est si habile qu'il les démembre et les éventre avant qu'elles ne meurent. Voudriez-vous voir des têtes ? »

Songeant que tous les guides partageaient la même faconde, je répondis sans me démonter : « Mais certainement, apportez-les ! »

Sur ses conseils, je fis signe à un homme, qui, les

mains encore pleines d'argile, se dirigea vers des tonneaux près des croix en bois. Il y plongea la main et en sortit une tête !

Ces tonneaux remplis de chaux contenaient les têtes jetées au fur et à mesure des décapitations. Une fois pleins, ils étaient vidés et accueillaient bien vite de nouveaux occupants. Quand un homme riche est condamné à mort, il peut sans peine payer quelqu'un qui le remplacera sur l'échafaud. Les Chinois sont intrépides face à la mort, elle ne semble pas les effrayer.

Je visitai la prison de Canton et fus surprise de voir tant de portes grandes ouvertes. Mais elles avaient la particularité d'être étroites, et lorsque je pénétrai dans une cellule je découvris que les prisonniers avaient le cou pris dans un large collier de bois. Dans ce cas, il n'y avait effectivement nul besoin de les enfermer.

Le tribunal était une grande bâtisse carrée en pierre. On me présenta à des juges qui fumaient de l'opium tout alanguis tandis que, dans une deuxième pièce, d'autres jouaient aux cartes. À l'entrée, un grand bureau était consacré aux paris. Je vis ensuite la salle des instruments de torture. Un bambou taillé en deux pour fouetter, des vis pour les doigts, des poulies pour suspendre les prisonniers par les pouces, et autres joyeusetés. Durant ma visite, deux voleurs furent conduits dans la salle. Enchaînés, leurs genoux touchant leur menton, ils étaient portés dans des cages suspendues à un bâton que soutenaient deux coolies. Les juges m'expliquèrent qu'ils avaient été pris en flagrant délit : leurs mains seraient écrasées par une énorme pierre, puis leurs doigts, brisés l'un après l'autre. Ensuite ils seraient soignés à l'hôpital. S'ils meurent, les prisonniers sont décapités avant d'être enterrés.

Un Américain qui vivait depuis plusieurs années près

de Canton me raconta qu'il existe un petit pont où l'on installe souvent un criminel complètement nu dans une nacelle en fer. De part et d'autre du pont on dispose des couteaux pointus, et chaque passant est obligé d'en prendre un pour taillader le pauvre homme emprisonné. Mais je n'ai moi-même jamais assisté à de telles scènes, je vous les rapporte telles qu'on me les a décrites.

On m'expliqua que le supplice du bambou (je ne me souviens pas du nom exact) n'est pas si rare en Chine, contrairement à ce que l'on pourrait espérer compte tenu de sa brutalité extrême. Les criminels sont immobilisés debout avec les jambes écartées et accrochées au sol, juste au-dessus d'une pousse de bambou. Pour se rendre compte de l'horreur de ce châtiment, il est nécessaire de connaître les caractéristiques du bambou : une pousse de bambou peut s'apparenter à une délicieuse asperge, mais elle est solide comme le fer. Quand elle commence à croître, rien ne peut entraver sa course. Elle s'élève si irrémédiablement qu'elle transperce tout sur son passage, l'asphalte comme le reste. Le bambou pousse vite, il atteint sa taille adulte, vingt-cinq mètres de haut, en trente jours à peine. À la fin de sa croissance, il s'entoure d'une écorce, ses branches se déploient doucement, couvertes d'un plumetis doux et léger, aussi fin que le feuillage d'un saule. Une bambouseraie peut sembler ravissante, soyeuse et raffinée, mais il n'y a rien de plus inflexible en réalité.

Imaginez à présent un prisonnier attaché au-dessus de cette pousse indomptable, dans une position inconfortable. Le bambou se dresse et grandit sans se soucier des obstacles, transperçant le pauvre homme jusqu'à l'agonie, agonie prolongée chaque jour de quelques centimètres. Il est d'abord conscient, puis s'évanouit à la faveur de la fièvre, et enfin, après plusieurs jours de torture, sa tête tombe en avant : il est mort. Autre méthode terrifiante : emprisonner un homme en plein soleil, recouvert de chaux vive, en laissant de l'eau à sa portée pour étancher sa soif. L'homme tient bon, s'accroche à la vie, mais il finit toujours par boire pour étancher sa soif. Il boit, puis transpire et, sous l'action combinée de la sueur et du soleil, la chaux se met à ronger sa peau. Une autre coutume est de suspendre le criminel par les bras, les mains liées derrière le dos. Tant qu'il garde ses muscles tendus il peut survivre, mais dès qu'il se relâche les vaisseaux sanguins se déchirent et sa vie lui échappe en un torrent de sang. Le malheureux est suspendu en place publique, où les juges veillent à ce que personne ne le libère. Les amis du condamné s'amassent autour du représentant de l'autorité pour marchander l'existence du pauvre homme. S'ils peuvent payer la caution demandée, le criminel est détaché et libéré, s'ils ne peuvent pas, le criminel reste attaché jusqu'à ce que mort s'ensuive. Autre châtiment possible : enterrer vivant le coupable en laissant seulement sa tête dépasser du sol. On lui colle ensuite les paupières pour qu'il ne cligne pas, puis on l'abandonne à une mort certaine en plein cagnard. Les échardes de bambou plantées sous les ongles puis enflammées font également partie des charmantes façons de remettre les fauteurs de troubles dans le droit chemin.

Je n'avais aucune idée de ce qui m'attendait quand je foulai le seuil sale du temple des Horreurs. Je présumai ensuite qu'il devait s'agir d'une exposition des monstruosités humaines. Les marches qui y conduisaient étaient envahies de Mongoliens en haillons, de tous âges, types et afflictions. En entendant nos pas, les plus vaillants se précipitèrent vers nous, implorant l'aumône, tandis que les estropiés et les aveugles hurlaient de plus belle. À l'intérieur du bâtiment se trouvait la lie de l'humanité dans une place carrée. Des lépreux, des colporteurs, des gens difformes, des diseurs de bonne aventure, des parieurs, des charlatans, des arracheurs de dents aux dents pourries et, parmi la foule, des pâtissiers ! On dit que les Chinois viennent parfois ici prier et interroger leurs idoles. Dans de petites alcôves peu entretenues, des statuettes représentent les châtiments de l'enfer des bouddhistes. Ils sont fouettés, enterrés vivants, ébouillantés, décapités, placés sous des cloches chauffées à blanc, découpés en deux, et autres délicates attentions.

Canton est renommé pour ses temples. Il y en a plus de huit cents dans toute la ville. Celui qui m'impressionna le plus fut le temple des Cinq Cents Dieux. Lors de la visite, le guide me demanda si j'étais superstitieuse. Quand j'acquiesçai, il m'annonça qu'il allait me montrer comment tenter ma chance. Il plaça d'abord deux bâtons d'encens dans une timbale en cuivre devant le dieu de la chance, puis piocha sur l'autel deux pièces de bois, polies et sales à force d'avoir été manipulées. Assemblées, elles formèrent une poire, qu'il appela le pigeon de la chance. Il dessina des cercles au-dessus de l'encens avec ces pièces de bois, une, deux, puis trois rotations, et lâcha le pigeon à terre. Si une moitié du pigeon était face haute et l'autre face basse, alors c'était de bon augure. Si les deux faces étaient identiques, le mauvais sort était contre vous. Son pigeon tomba sur deux faces similaires.

Lorsque vint mon tour, j'empoignai le pigeon, les mains tremblantes. Mon cœur battait fort tandis que je faisais voler mon pigeon au-dessus de l'encens. Je lâchai tout : une pièce tomba face haute et l'autre face basse. Quel soulagement ! La chance était avec moi.

Je visitai ensuite la salle des Examens, où 11 616 étudiants célestes, tous mâles, étaient évalués. Nous traversâmes un parc mal entretenu planté d'arbres frêles et peuplé de maigres cochons noirs qui fouillaient la terre avec énergie. Nous étions poursuivis par une horde d'enfants pouilleux qui mendiaient en nous interpellant vivement. Quelques femmes tenant à peine sur leurs petits pieds à l'aide de cannes nous dévisageaient d'un air curieux et amusé. Nous arrivâmes bientôt devant une porte étroite surnommée la porte de l'Équité, puis devant la porte du Dragon, qui conduit à une grande allée. L'allée offre une vue bien singulière : une prairie, et au loin une tour de garde, qui héberge le dieu de la littérature au deuxième étage. De chaque côté de la prairie, des rangées de bâtiments bas blanchis à la chaux, qui pouvaient ressembler à des enclos pour le bétail. Et dans ces rangées de cellules, d'un mètre et demi sur un mètre, 11 616 étudiants à fine tresse passaient leurs examens. Au-dessus des cellules, des inscriptions indiquaient quelle matière était examinée. Chaque cellule contenait une planche pour s'asseoir, et une autre surélevée qui faisait office de bureau. Si l'étudiant ne veut pas ramper dessous ou sauter par-dessus, le bureau doit être déplacé afin de s'installer. La feuille d'examen est distribuée à l'aube, et bien souvent les jeunes hommes ne rendent leur copie qu'après la nuit. La salle des Examens, elle, fait environ quatre cent vingt mètres de long sur deux cents de large, et vaut le détour. Les examinateurs sont parait-il très sévères et que, sur les milliers de candidats, seuls cent cinquante seront reçus. On corrige les copies dans la salle des Bonnes Étoiles ; une inscription annonce : « La littérature permet l'accès aux cieux ».

J'avais grande envie de visiter le village des lépreux. Il est composé de huttes en bambou et abrite des centaines de ces malades. Ces derniers sont terrifiants. Ah Cum nous conseilla de fumer afin de masquer leur odeur et s'alluma derechef une cigarette. Nous l'imitâmes immédiatement. Les lépreux, hommes, femmes, enfants de tout âge, vivent dans la plus grande des misères, vêtus seulement de misérables haillons. Au sol de leurs huttes, de l'herbe sèche, et encore des lambeaux de tissus. Aucun meuble. Il est inutile de tenter de décrire l'apparence des lépreux. Ils sont difformes, souvent aveugles, et ont perdu des doigts, un pied ou une jambe. Mais, dans leurs différentes afflictions, tous sont miséreux au plus haut point. Les plus valides cultivent un très joli jardin près du village. Leurs légumes sont même vendus au marché de Canton ! Je fus quelque peu rassurée d'avoir apporté mon propre déjeuner du bateau. Les lépreux passaient leur journée à mendier dans la ville, puis le soir ils étaient obligés de regagner leur village. Je m'interrogeai sur la pertinence d'isoler ces malades, si on les autorisait ensuite à se mélanger à la population. Sur le chemin du retour, j'aperçus dans la ville plusieurs d'entre eux et, à les voir à proximité des aliments, je me jurai de ne rien manger ! Les lépreux avaient également le droit de se marier et donnaient vie à de nombreux enfants condamnés dès la naissance à une existence faite de souffrances.

En quittant ce village, je fus prise de mélancolie. C'était le jour de Noël, et je me prenais à rêver avec nostalgie d'un bon dîner chez moi, même si un de mes compagnons m'informa qu'il devait être minuit passé à New York. Le guide voulut nous conduire dans un bâtiment à proximité afin que nous puissions y pique-niquer. Derrière un grand mur, une très belle vue s'offrait à nous : un paisible étang à peine effleuré par une douce brise, et les basses branches d'un arbre qui venaient embrasser la surface de l'eau où se tenaient des hérons gracieux perchés sur leurs longues pattes, une scène que les éventails chinois nous ont rendu familière.

Ah Cum nous guida jusqu'à une large porte sculptée, qui donnait sur une pièce remplie de chaises et de tables en bois. Alors que nous déjeunions, j'entendis l'étrange plainte d'un tam-tam et d'une flûte. Ma faim rassasiée et ma curiosité aiguisée, je demandai à Ah Cum où nous nous trouvions. Et il me répondit : « Dans le temple des Morts. »

Je prenai donc le repas de noël dans le temple des Morts. Mais, heureusement, cela n'eut aucune incidence sur notre appétit. Avant notre départ, plusieurs Chinois se regroupèrent à la porte et me dévisagèrent d'un air intrigué. Ils hissaient à bout de bras leurs enfants, tout mignons et bien propres, afin qu'ils me voient. Sur une bonne intention, je m'avançai pour leur serrer la main, mais ils se mirent à s'agiter et crier, reculèrent avec effroi. La scène était amusante. Le calme revint bientôt et certains s'enhardirent à me prendre la main. La glace fut brisée et la curiosité les emporta : ils s'intéressèrent à mes gants, mes bracelets et ma robe, tant et si bien que je me mis à regretter ma gentillesse.

À la mort d'un proche, les habitants érigent un feu de joie la nuit venue. Ils y jettent des objets de la maison : des tirelires, des cartons de robes, etc., faits de papier doré, pendant que les prêtres jouent de la flûte. Ils pensent que le diable, qui est en chaque homme vivant, s'enfuit d'un cadavre pour se loger dans les possessions du défunt. Ainsi, en jetant ses biens dans les flammes, le malin ne peut plus revenir.

J'allai admirer la pendule à eau, qui, dit-on, a cinq cents ans et n'a jamais eu besoin d'être réparée. Dans les niches du mur de pierre se trouvent de petites divinités, placées derrière des bâtons d'encens. La pendule à eau est faite de quatre timbales en cuivre, de la taille de seaux, placées l'une au-dessus de l'autre sur des marches. Chacune a un bec verseur qui permet à l'eau de s'écouler goutte à goutte. Dans la timbale la plus basse est gravée une règle, comme une toise, qui indique l'heure qu'il est. Sur un tableau noir à l'extérieur, les gens marquent l'heure régulièrement, afin d'informer les villageois. La timbale du dessus est remplie toutes les vingt-quatre heures ; il s'agit du seul soin que nécessite la pendule à eau.

À notre retour sur le *Powan*, je trouvai de magnifiques présents que m'avaient fait envoyer le consul Mr Seymour, ainsi que les cartes de visite de plusieurs Européens qui souhaitaient avoir de mes nouvelles. Comme j'avais un terrible mal de tête, je gagnai vite ma cabine. Nous repartîmes un peu plus tard pour Hong Kong, et ce fut ainsi que s'acheva ma journée de Noël à Canton.

14

En route vers le pays du Mikado

Peu après mon retour à Hong Kong, l'*Oceanic* se mit en route vers le Japon. Bon nombre d'amis, qui s'étaient tant efforcés à me rendre la vie plus douce lors de mon séjour en Chine britannique, me rendirent visite à bord du bateau, et c'est avec grands regrets que je leur fis mes adieux. Nous allâmes trinquer dans la cabine du capitaine Smith, aux succès de tous, au bonheur et aux autres félicités. Le moment du départ arriva, les derniers au revoir furent échangés, et je me lançai en direction du pays du Mikado.

L'*Oceanic*, sur lequel j'allais voguer jusqu'à San Francisco, avait une sacrée histoire. Au moment de sa création vingt ans plus tôt par Mr Harland à Belfast, il avait sidéré le milieu maritime. L'ingénieur s'était employé à améliorer le confort des passagers : il avait installé le salon au milieu du navire, de manière à le préserver du vacarme des machines et de l'hélice, qui tourne à plein régime par mauvais temps. Les navires étaient déprimants, austères, et construits sans se soucier le moins du monde de ses usagers. Avec l'*Oceanic*, Mr Harland innova en dédiant un pont à la promenade des passagers et en embellissant le salon et les cabines. À dire vrai, les autres compagnies jalousèrent ce fleuron et se liguèrent pour décréter le bateau inapte à la mer. On raconte que les récriminations furent si grandes que les marins et les pompiers durent être davantage payés afin de se laisser convaincre de servir à son bord pendant la première sortie en mer.

Malgré l'échec annoncé, l'*Oceanic* rencontra un vif succès. Il devint le lévrier alerte et rapide de l'océan Atlantique, et s'aventura sur les eaux pacifiques en 1875. Le navire était le fer de lance de la compagnie O&O et accomplissait les traversées avec rapidité et fiabilité. Il gardait fière allure, semblant presque rajeunir avec les années. En novembre 1889, il battit le record de traversée entre Yokohama et San Francisco. À bord du bateau, tout est mis en œuvre afin de garantir le plus grand confort aux passagers. La cuisine y est celle d'un hôtel de première classe. Les passagers ont toute liberté, et les officiers sont aux petits soins. De tout l'Orient, l'*Oceanic* est le bateau rêvé ; les clients attendent des mois avant de pouvoir voyager à son bord.

Lorsque j'embarquai pour la première fois sur le bateau, je retrouvai mon petit singe qui y avait été transféré depuis l'*Oriental*. Alors que je demandais de ses nouvelles à la stewardess, elle me répondit sèchement : « Nous avons fait connaissance. » Son bras était bandé du poignet à l'épaule ! « Que lui avez-vous fait ? » fis-je, consternée. « Je n'ai fait que brailler, le singe s'est occupé du reste ! » s'écria-t-elle.

Je passai le réveillon du Nouvel An entre Hong Kong et Yokohama. La journée avait été si clémente que nous n'avions nul besoin de châle. En début de soirée, les passagers se regroupèrent dans le grand salon pour deviser joyeusement. Le capitaine apporta son Organette[1], et lui et le médecin se relayèrent devant la boîte à musique. Plus tard, nous nous dirigeâmes vers

1. Petit orgue de Barbarie.

le salon où le commissaire du bord nous offrit punch, champagne et huîtres, un vrai régal qu'il avait apporté d'Amérique spécialement pour l'occasion.

Comme nous retrouvons notre âme d'enfant une fois sur un bateau ! Après ce repas nous nous amusâmes comme des petits fous. Nous étions assis autour d'une table et le médecin nous donnait à chacun un mot à prononcer, comme Iche ! Ache ! ou Oche !, à son signal. Ce que nous fîmes, en produisant un bruit semblable à un éternuement de géant, énorme et ridicule. Ensuite un joyeux drille de Yokohama, accompagné de sa femme tout aussi enjouée, nous apprit une chanson nette entraînante : « *Sweetly sings the donkey when he goes to grass, sweetly sings the donkey when he goes to grass, ech-ho ! ech-ho ! ech-ho*[1] *!* »

Lorsque les huit coups sonnèrent, nous nous mîmes debout et entonnâmes « Ce n'est qu'un au revoir », le verre à la main. Au dernier écho de cette bonne vieille chanson, nous portâmes un toast à l'année passée et à la nouvelle qui s'annonçait. Les mains se serrèrent, les meilleurs vœux circulèrent entre les convives. 1889 était terminée, cédant la place à 1890, avec ses joies et ses peines. Quelques instants plus tard, les femmes se retirèrent dans les cabines. J'allai me coucher moi aussi, et m'endormis au son de la douce mélodie des chansons de nègres entonnées par les hommes dans le fumoir.

1. « Doucement chante le singe quand il va dans l'herbe, doucement chante le singe quand il va dans l'herbe, ech-ho ! ech-ho ! ech-ho ! »

15

Cent vingt heures au Japon

À côté de Hong Kong, avec ses rues grouillantes, ses quais bondés de barques sales aux propriétaires plus sales encore, Yokohama a des airs de grand ménage de printemps. De petits bateaux à vapeur transportent jusqu'au port les passagers des navires amarrés au loin dans la baie. Les hôtels de luxe se servent de leur navette pour attirer le chaland, toutefois, comme dans les bus missionnés par les hôtels en Amérique, le client doit payer le transport.

On ne peut faire sortir et entrer des marchandises au Japon sans s'acquitter d'une taxe, mais nous passâmes la douane sans encombres. Je constatai avec plaisir que les conducteurs de *jinrikishas* étaient plus présentables que leurs pairs à Ceylan ou en Chine. Chez eux, point de guenilles, de corps dénudé ou d'odeur de graisse. Ils sont vêtus de costumes bleus, leurs jambes rondelettes gainées de collants impeccables, leur torse caché par de courtes chemises aux manches bouffantes ; leurs visages affables sont coiffés d'un curieux chapeau en forme de champignon laissant entrevoir une masse de cheveux raides noir bleuté qui leur descend jusqu'à la nuque. Ils arborent l'écusson de leur famille cousu au dos et sur les manches de leur veste, comme tout Japonais qui se respecte, homme, femme ou enfant.

Je séjournais au Grand Hôtel, un bâtiment trapu aux immenses vérandas, aux larges couloirs et aux pièces spacieuses offrant une vue imprenable sur un lac. Même s'il comptait une grande famille de rats parmi ses pensionnaires, cet établissement passerait pour luxueux, y compris en Amérique. La cuisine y fut délicieuse et le service excellent. Le personnel « jap », si alerte, discret et bienveillant, est en tout point supérieur à nos domestiques. Avec leurs collants bleus et leurs tuniques blanches, ils sont aussi plus élégants.

J'eus du mal à garder mon sérieux face aux hommes japonais en robe traditionnelle. Leurs jambes paraissent bien maigrelettes dans leurs pantalons serrés. À l'inverse, ils semblent perdus dans leurs vestes aux larges manches. Ils n'ont fini de s'habiller que quand ils ont placé un chapeau en forme de bassine au sommet de leur crâne, et alors on se demande vraiment comment de si fines jambes peuvent supporter le poids de cet accoutrement ! Plantez deux allumettes au bout d'une pomme de terre, un champignon à l'autre extrémité, et vous obtiendrez un Japonais ! Et parlons de leurs souliers : à côté, les talons français font pâle figure. Les sandales japonaises, formées d'une semelle surélevée par deux pièces de bois, s'élèvent à douze centimètres au-dessus du sol. On croirait que les Japonais sont sur des échasses. Ces étranges socques restent en place grâce à une lanière séparant le gros orteil des autres. Ainsi, le Japonais se déplace non pas en soulevant le pied, mais en le glissant au sol, afin de ne pas perdre sa chaussure.

Quand l'air se rafraîchit, les Japonais deviennent tous manchots, car leurs bras disparaissent dans leurs manches. Les Japonaises y rangent autant de choses que les hommes dans leurs poches de pantalon : cartes de visite, argent, peignes, épingles à cheveux, bijoux et papier de riz. Celui-ci sert de mouchoir à usage unique – les Japonaises furent horrifiées de nous voir rempocher nos mouchoirs en tissu après les avoir utilisés. Je crois qu'elles dissimulent tout dans leurs manches, y compris leur cœur. En vérité, il n'y a pas plus loyales, dévouées et constantes que ces femmes, mais elles sont si ingénues que le premier venu le leur volerait.

Si un jour je me mariais, je dirais à mon époux : « Suis-moi, je sais où se trouve le paradis », et comme le poète Edwin Arnold je quitterais mon pays natal pour le Japon, la terre de l'amour, de la beauté, de la poésie, de l'immaculé. Je m'étais toujours figuré que les Japonais ressemblaient aux Chinois. Rien n'est moins vrai ! Le Japon est une magnifique contrée. Ses femmes sont exquises. Je sais peu de chose sur les hommes, si ce n'est qu'ils ne sont pas des canons de beauté : ils sont petits, taciturnes et peu engageants. Ils ont la réputation d'être extrêmement intelligents, par conséquent je ne parle que de ceux que j'ai rencontrés. J'aperçus une fois un Japonais immense et irradiant de beauté, mais il était lutteur public…

Les Japonais perpétuent deux traditions admirables : décorer leurs maisons pour la nouvelle année et célébrer la floraison des cerisiers. Ils plantent dans les rues de jeunes et souples tiges de bambou au feuillage aérien qui se joignent au milieu de la chaussée, de manière à former une arche. Accroché à chaque porte, un tissage de feuilles de riz orné d'algues, d'écorces d'orange, de carcasses de homard et de fougères est censé porter bonheur pour la nouvelle année. Sur les trottoirs, postés comme des sentinelles, des bassines sont remplies de grosses tiges de bambou et de plantes à feuillage persistant.

Dans la fraîcheur du soir, nous nous rendîmes dans

une maison réputée pour ses geishas. Nous trouvâmes à l'entrée les sandales aux semelles de bois des clients. Lorsqu'on nous demanda d'ôter à notre tour nos souliers, certains refusèrent. Un compromis fut trouvé, et nous pûmes garder nos chaussures à la condition d'enfiler des pantoufles par-dessus. Le premier étage de la maison était une pièce complètement nue, hormis un tatami au sol et quelques paravents. Nous nous assîmes par terre car il n'y a pas de chaises au Japon, mais les tatamis rembourrés étaient aussi doux que du velours. Il fallait nous voir essayer de trouver la position la plus confortable, aussi gracieux que des éléphants ! Une femme en kimono noir plaça plusieurs boîtes de charbons ardents, rondes ou carrées, devant nous. C'était en réalité ce qui leur faisait office de réchauds. Un peu plus tard, elle nous apporta un plateau garni de pipes à longues tiges – les Japonaises fument sans cesse –, d'une théière et de petites tasses.

J'attendais impatiemment les geishas. Elles apparurent enfin, un cortège de jouvencelles vêtues d'un ravissant kimono long aux manches évasées. Les jeunes filles s'inclinèrent avec grâce, jusqu'à ce que leur tête touche leurs genoux, puis s'agenouillèrent devant nous pour nous saluer, murmurant quelque chose qui ressemblait à « *Konbanwa !* ». Puis elles aspirèrent l'air un long moment, signe de grand respect. Des musiciennes prirent place et un étrange vacarme de *shamisens*, tambours, gongs et chants nasillards se produisit. Si leurs nez n'étaient pas aussi mignons, je suis prête à parier que cette musique serait proprement insupportable. Les geishas se levèrent, prirent la pose, leur éventail tenu au-dessus de leurs têtes, prêtes à danser. Elles sont minuscules et toutes frêles. Le contour de leurs yeux et leurs sourcils sont soulignés d'un trait charbonneux qui met en valeur leur regard noir ; leurs chevelures de jais, rendues épaisses et raides comme des baguettes, sont coiffées en coques élaborées ornées de fleurs dorées ou argentées et de pompons de papier. Plus la geisha est jeune, plus ces colifichets sont de couleurs vives. Leurs kimonos, confectionnés dans de splendides étoffes, sont noués à la taille par une large ceinture appelée *obi*. Leurs manches laissent entrevoir des bras délicats et des mains d'enfant. Pour protéger leurs petits pieds, des chaussettes de lin blanc dont le gros orteil est séparé des autres afin de leur permettre de porter leurs sandales à l'extérieur. Les Japonaises sont à ma connaissance les seules à pouvoir se poudrer et se farder sans craindre de paraître vulgaires. Au contraire, ce maquillage les embellit. Elles rougissent à peine leur lèvre inférieure, ce qui donne à leur bouche tentatrice des airs de voluptueuse cerise. Ces perles de beauté se murent au son des accords traînants de l'orchestre ; elles secouèrent leurs éventails, adoptèrent des centaines de poses, lancèrent à leur public des regards effarouchés, un sourire innocent aux lèvres. Leurs yeux s'illuminèrent et leurs joues rosirent délicieusement. Quand elles eurent terminé, elles s'approchèrent de moi et examinèrent, ravies, ma robe, mes bracelets, mes bagues, mes bottines – autant de trésors pour elles –, ma coiffure, mes gants. Pas un seul détail de ma tenue ne leur échappa ! Elles me prièrent de revenir bien vite et, en mon honneur – car les Japonais ne s'embrassent jamais –, elles pressèrent leurs lèvres sur les miennes en guise de baiser d'adieu.

Heureuses Japonaises qui ignorent tout des bonnets ! Les jours de pluie elles couvrent leur belle chevelure d'une écharpe blanche, sinon elles déambulent dans la ville tête nue, avec un éventail, une ombrelle et leurs socques. Leur chez-elle est pauvrement meublé, leur lit, un simple tatami, leurs coussins, des blocs de bois mesurant quinze centimètres sur quinze et épais de cinq centimètres. Elles posent leur nuque sur une pièce de velours, ainsi leur coiffure reste-t-elle intacte pendant plusieurs semaines. Toujours à portée de main, leur pipe et leur théière, afin d'en profiter du réveil jusqu'au coucher.

Un reporter de Tokyo vint m'interviewer. Son journal avait traduit et publié l'article sur ma visite chez Jules Verne. Il déchiffra lentement ses questions inscrites sur des rouleaux de papier ministre. Elles étaient suffisamment espacées pour que je puisse écrire mes réponses. Je jugeai ce procédé ridicule, jusqu'à ce que je rentre au pays et sois interrogée par mes confrères. Croyez-moi, la méthode japonaise est en comparaison bien plus humaine.

Je me rendis à Kamakura pour admirer le grand dieu en bronze, l'image de Bouddha, communément appelé Daibutsu. La statue trône au pied de deux montagnes, au creux d'une vallée verdoyante. Elle fut construite en 1250 par Ono Goroyemon, un sculpteur renommé au Japon. Assis en tailleur, le dieu mesure quinze mètres, deux fois moins que sa circonférence, et son visage, deux mètres à lui seul. On me photographia en compagnie de deux amis, assise sur un orteil. Un de mes compagnons fit une offrande de cinquante mille dollars. Par le passé, des sacrifices étaient régulièrement faits en l'honneur du dieu : la statue creuse était chauffée jusqu'à ce qu'une fumée blanche s'en échappe, puis on y enfermait la dépouille de centaines de bêtes. Aujourd'hui, l'intérieur de la statue est décoré de petits autels, et une échelle permet aux visiteurs de monter jusqu'à l'œil du Bouddha pour admirer la campagne alentour. Nous visitâmes également un très joli petit temple, réputé pour son palmier majestueux et son bassin de lotus. Nous nous régalâmes ensuite de douceurs dans une maison de thé tenue par deux Japonaises. Je passai une journée à Tokyo où je visitai les châteaux européens et japonais du Mikado, comme on nomme ici l'empereur. Ces châteaux sont protégés par une enceinte de pierre et trois douves. Certains habitants de Tokyo s'habillent à l'européenne : je croisai plusieurs hommes en costume occidental sur des bicyclettes. Ces vêtements vendus au Japon sont de piètre qualité, ou ont été déjà portés… La capitale dispose d'une ligne de tramway, la seule de tout l'Orient, et de toutes sortes de moyens de transport.

Le Japon est une nation très progressiste. Ses habitants tiennent à leur religion et à leur mode de vie, en de nombreux points supérieur au nôtre, mais ils ne rechignent pas à intégrer à leur culture tout ce qui peut améliorer leur quotidien, par exemple les tenues occidentales pour hommes, jugées plus pratiques que les vêtements traditionnels. En revanche, les Japonaises trouvent trop peu commodes et seyantes nos robes. Elles ont seulement adopté les sous-vêtements, elles qui auparavant s'en passaient. La preuve que les kimonos sont plus confortables : les Occidentaux expatriés au Japon ne les quittent pas quand ils restent chez eux. Seule leur soumission à la mode occidentale les empêche de les porter en public. Le patriotisme japonais est un exemple pour tous les Américains : aucun étranger ne peut avoir de monopole commercial. Il est vrai que jusqu'à récemment les Japonais étaient très en retard : pas de chemins de fer, de tramways, de locomotives ni même d'électricité. Ils pensaient à raison qu'il était inutile de perdre son temps à inventer ce qui existait déjà dans d'autres pays, aussi firent-ils venir, avec des salaires mirobolants et des contrats de trois, cinq ou dix ans à la clé, des ingénieurs chez eux. Ces derniers se mirent au travail, assistés de l'élite japonaise. Lorsque le contrat prenait fin, les Japonais étaient capables de remplacer leurs étrangers par leur propre main-d'œuvre, désormais opérationnelle. Voilà comment ils restent à la tête de toutes les entreprises du pays.

Les kimonos sont composés de trois pans de tissus, la longueur de chacun variant d'environ deux centimètres. Une Japonaise me montra le kimono qu'elle avait acheté spécialement pour les vacances. Il était en crêpe de soie grise, parsemé çà et là de quelques fleurs couleur pêche et doublé de soie rose, et l'on avait cousu dans l'ourlet des petits sachets parfumés. Les sous-vêtements étaient taillés dans une soie blanche délicate. L'ensemble avait coûté soixante dollars, dont un dollar cinquante pour la réalisation. Les couturières utilisent ici le point de bâti, tout aussi efficace que nos points plus serrés. Les Japonaises gardent un miroir par-devers elles afin d'y contempler leurs nombreux attraits, un simple cercle de métal poli tout à fait différent de nos glaces.

Les écoliers nippons apprennent l'anglais et tout ce qui a trait à la grâce. Les filles améliorent leur maintien, apprennent à recevoir, à distraire et à s'occuper des visiteurs, à servir le thé et les douceurs, à manier les baguettes. Voir une jolie femme manger avec des baguettes est un spectacle ravissant. Dans les maisons de thé ou les restaurants, les baguettes, longues de quelque trente centimètres et pas plus épaisses que le plus fin des crayons de plomb, sont rangées à l'intérieur d'une longue feuille de papier. Les baguettes en bois sont collées entre elles, gage qu'elles n'ont jamais été utilisées. Avant le repas, tout le monde sépare donc ses baguettes ; après, elles sont détruites.

Un des plus beaux tableaux qu'offre le Japon, à mon

avis, est celui des rues l'après-midi. Hommes, femmes et enfants se mêlent à l'extérieur, jouent avec des raquettes ou bien font voler leurs cerfs-volants. Pouvez-vous imaginer à quel point il est plaisant de contempler les mouvements gracieux de ces jolies femmes aux lèvres grenat, aux yeux noirs et aux cheveux brillants, vêtues si élégamment avec leurs socquettes blanches et leurs sandales de bois ?

Aucun enfant de ma connaissance ne joue comme le font les petits Japonais. Ils sont toujours de bonne composition et jamais ne se disputent ou pleurent. Les fillettes, montées sur leurs hautes sandales et portant dans leur dos des bébés presque aussi grands qu'elles, jouent tranquillement au badminton. Elles sont si vives et concentrées que l'on craint pour le bambin accroché dans leur dos, mais elles font montre d'une telle agilité que l'on est vite rassuré. Les bébés nippons sont adorables. Leurs habits rembourrés les font ressembler à des oreillers de plumes. Comme moi, on pourrait croire que la peau rasée au sommet de leur crâne est une curieuse coquetterie, mais il n'en est rien, cela permet simplement d'évacuer la chaleur.

Le seul regret de mon voyage fut, dans mon départ précipité, de ne pas avoir emporté de Kodak. Sur tous les bateaux, dans chaque port, je croisai des voyageurs munis de tels appareils. Ils photographiaient tout ce qui leur plaisait, bénéficiant d'une luminosité excellente. Leurs clichés, dont ils ramenaient les négatifs chez eux, étaient le plus souvent des portraits d'eux-mêmes en compagnie de leurs amis de route. Je rencontrai un Allemand qui faisait le tour du monde en deux ans. Il avait avec lui deux Kodak, un grand et un plus petit, et se constituait une collection très intéressante de clichés.

Dans différents ports du monde, il faisait développer ses négatifs chez des photographes professionnels.

Je me rendis au sommet des Cent-Marches, où vit la belle Oyuchisan, la muse des artistes et des poètes, très appréciée des touristes. Lors de mon séjour, j'eus le plaisir d'assister à un déjeuner donné en mon honneur sur le *Omaha*, navire de guerre américain stationné à Yokohama. Je fis également plusieurs excursions en voiture, ravie de voir un Japonais conduire habilement les chevaux. Je me régalai de riz et d'anguilles, visitai des cabinets de curiosités, dont l'un était une maison traditionnelle japonaise miniature, et fus charmée par l'art délicat que j'y découvris. Je n'y achetai rien mais fus éblouie par tout.

16

La traversée du Pacifique

Je quittai Yokohama sous un ciel matinal ensoleillé, escortée jusqu'à l'*Oceanic* par mes nouveaux amis. Leurs au revoir furent couverts par la sirène grave du bateau à vapeur lorsque l'ancre fut levée. Tandis que l'orchestre jouait en mon honneur « Home Sweet Home », « Hail Columbia » et « The Girl I Left Behind Me », j'agitai mon mouchoir si longtemps après les avoir perdus de vue que mes bras restèrent tout endoloris. J'étais follement impatiente de reprendre ma course, mais malgré tout je dois avouer que je quittai à regret ce charmant pays et ses habitants.

La traversée promettait d'être rapide et plaisante. Dans un excès d'optimisme, l'ingénieur en chef Allen avait fait inscrire sur les machines :

Pour Nellie Bly,
Nous mourrons ou nous vaincrons.
20 janvier 1890

Partageant cet état d'esprit, l'équipage se montra extrêmement prévenant. Jusqu'au troisième jour, les vents étaient avec nous, puis nous essuyâmes une tempête. On essaya de me rassurer, cela ne durerait pas plus de vingt-quatre heures, mais le lendemain, comme les jours qui suivirent, l'océan fut sans pitié. Vents contraires, mer de front, vagues déferlantes, violent tangage. Je me risquais quotidiennement, aux alentours de midi, à me glisser dans la salle à manger pour y consulter les prévisions. Grande était ma déception quand je constatais que nous n'avions pas autant progressé que je l'espérais. L'équipage se montrait si prévenant, qu'il en soit béni ! Je pense qu'il souffrait davantage que moi de mon échec annoncé.

« Si j'échoue, je ne remettrai plus jamais les pieds à New York, me lamentai-je un jour. Je préférerais encore arriver morte mais victorieuse que vivante et en retard.

– Ne dites pas ça, mon enfant, répondit Mr Allen, je ferai tout ce qui est en mon pouvoir pour vous conduire à la victoire. J'ai poussé les machines au maximum, j'ai maudit tout mon soûl cette tempête et j'ai même prié – la première fois depuis des années – pour que le grain se déplace et que nous puissions arriver en Amérique dans les temps.

– Je ne dois pas être une pécheresse, dis-je avec un rire nerveux, car j'ai supplié jour et nuit : "Pardonnez aux pauvres pécheurs", mais le pardon n'est jamais venu ! C'est sans espoir, sans espoir !

– Ne baissez pas les bras, m'implora le commissaire de bord, je vous en conjure. Je me jetterais par-dessus bord si cela pouvait vous garantir le succès.

– Allez, mon petit, haut les cœurs ! renchérit le joyeux capitaine. J'ai parié toutes mes économies que vous arriveriez avant la date prévue. Croyez-en votre capitaine, vous serez à New York avec au moins trois jours d'avance.

– Mais pourquoi me mentez-vous ? Vous savez bien que nous sommes en retard… »

J'espérais secrètement qu'il répéterait ses paroles

réconfortantes, mais il rétorqua sèchement : « Écoutez, Nellie Bly, cessez de vous faire de la bile ou vous avalerez de force des pilules pour le foie.

– Je préférerais un remède contre le désespoir… Nous avons une mer de front, des vents contraires, des prévisions déplorables… Mon foie va très bien, lui ! »

Je m'esclaffai avec eux, et Mr Allen, qui m'avait suppliée de lui donner « un sourire, rien qu'un tout petit sourire » fut satisfait. Voilà comment procédaient ces hommes admirables pour me remonter le moral.

New York World, 8 janvier 1890

Il est temps de rentrer à la maison !

NELLIE BLY NAVIGUE EN PLEIN PACIFIQUE, EN ROUTE POUR SAN FRANCISCO

Nellie Bly est sur le chemin du retour.

Elle navigue en ce moment même dans le giron de l'océan Pacifique – la plus grande étendue d'eau de la Terre. Pacifique, il l'est ! Il n'ondule pas sous les tempêtes et ne se laisse pas impressionner par les ouragans. Si les dieux sont avec elle, Miss Bly devrait atteindre la côte ouest le 21 janvier au plus tard.

Hier, à Yokohama, Miss Bly a embarqué à bord de l'*Oceanic* de la compagnie de bateaux à vapeur Oriental & Occidental avec son formidable petit sac de voyage (celui-là même qu'elle avait à New York le 14 novembre dernier quand elle disait au revoir à ses amis du pont de l'*Augusta Victoria*).

Le courage dont elle a fait preuve a de quoi faire rougir plus d'un homme.

Le bruit courait qu'un Jonah était à bord. Je me demandais bien qui était ce Jonah, jusqu'à ce que les marins m'apprennent que c'était ainsi qu'ils surnommaient les singes ! D'après eux, un singe sur un bateau attire le mauvais temps. Un des membres de l'équipage exigea que l'on jette l'animal à la mer. S'ensuivit un débat opposant les superstitieux et les défenseurs de la pauvre bête. Quand je m'entretins avec le chef Allen à ce sujet, il me conseilla de ne pas céder. Mon petit singe s'amusait dans la soute, parmi les sacs de ciment et les lampes à huile, et ne faisait de mal à personne. Il n'était nul besoin de le perturber. Puis un autre marin lança que Jonah désignait également un pasteur. Or nous en avions deux sur l'*Oceanic* ! Je déclarai que si le singe devait passer par-dessus bord, alors les saints hommes connaîtraient le même sort. Le débat fut clos, et mon petit compagnon eut la vie sauve.

New York World, 18 janvier 1890

Presque arrivée !

BIENTÔT, NELLIE BLY APERCEVRA LE GOLDEN GATE BRIDGE

Plus que cinquante-six heures avant que Nellie Bly n'atteigne les côtes de son pays natal. Ce matin à 9 h 40 et 30 secondes, cela faisait pile soixante-cinq jours qu'elle avait quitté New York. Si le capitaine de l'*Oceanic* maintient son record de vitesse, il déposera la voyageuse à San Francisco le soir du 20 janvier ou le matin du 21. Ensuite, c'est parti pour une course échevelée à travers le continent !

L'entreprise de Miss Bly n'a jamais suscité autant d'intérêt que ces dernières vingt-quatre heures. Des lettres venues des quatre coins des États-Unis ont déferlé dans nos bureaux jeudi soir et hier toute la journée.

Un fermier de l'État du Dakota a envoyé un télégraphe signalant qu'il avait parié 500 dollars que la courageuse petite circumnavigatrice bouclerait son voyage en soixante-treize jours. Deux jeunes hommes de Newark veulent verser au journal 250 dollars à remettre à l'heureux gagnant du concours. Mary M. Holmes de Philadelphie souhaite payer les frais de voyage en Californie pour avoir le privilège de raccompagner la globe-trotteuse chez elle. Le rédacteur en chef du *Hawk Eye* à Burlington dans l'Iowa aimerait monter à bord du train au premier arrêt à l'ouest de sa ville afin d'obtenir un rapide entretien avec Nellie Bly. À chaque étape de l'itinéraire de notre journaliste, des fêtes de bienvenue sont en préparation. Tous les garçons qui écrivent au *World* se proposent d'escorter Nellie Bly à partir du lieu choisi par le rédacteur en chef, et toutes les petites filles finissent leurs lettres ainsi : « J'envoie des milliers de baisers à ma très chère Nellie Bly. » Si Miss Bly avait le temps de lire ne serait-ce que la moitié de ces charmantes et sincères formules, elle aurait les yeux humides pendant toute une semaine.

Puis un soir, nous fûmes en passe d'atteindre San Francisco. J'étais fiévreuse d'excitation. Nous nous demandions si une tempête de neige n'allait pas m'empêcher de traverser le continent. J'eus malgré tout un regain d'espoir, jusqu'à ce qu'un marin pâle comme un linge accoure vers le commissaire de bord en criant : « Mon Dieu, le bulletin de santé est resté à Yokohama !

– Qu'est-ce... que... qu'est-ce que ça signifie ? balbutiai-je, pressentant un nouveau malheur.

– Ça signifie, dit-il en s'effondrant sur sa chaise, que nous ne pourrons accoster qu'à l'arrivée du prochain bateau en provenance du Japon. Dans deux semaines. »

La perspective de rester tout ce temps sur l'*Oceanic*, aux portes de San Francisco, à deux doigts de la victoire, après tous ces efforts, me rendit folle.

« C'est impossible, plutôt me trancher la gorge ! » déclarai-je d'un ton si déterminé qu'ils se mirent aussitôt en quête du fameux papier, qui se cachait en fait dans le bureau du médecin de bord.

Un peu plus tard, on évoqua un cas de variole, mais ce ne fut qu'une rumeur. Un matin, les officiers comptables revinrent à bord avec des journaux du continent. J'appris qu'aucun train ne circulait depuis une semaine à cause de la tempête de neige. J'étais au comble du désespoir. Puis, lors de la visite du médecin chargé des quarantaines, on m'annonça qu'un remorqueur allait me conduire sur la terre ferme. Nous n'eûmes pas le temps pour des adieux en bonne et due forme. J'emportai en toute hâte mon singe et mon bagage – devenu lourd à cause des cadeaux offerts par mes nouveaux amis. Le petit bateau sonnait le départ lorsque le médecin accourut sur le pont : il avait oublié d'examiner ma langue. Je tirai donc effrontément la langue à l'*Oceanic*, devant l'équipage hilare. Le médecin cria contre le vent : « Très bien, rien à signaler », et le remorqueur put enfin s'éloigner, tandis que j'agitai la main.

New York World, 20 janvier 1890

Un accueil blanc

NELLIE BLY N'AURA JAMAIS VU AUTANT DE NEIGE DE SA VIE

Nellie Bly devrait débarquer à San Francisco ce soir ou demain matin.

Comme signalé dans l'édition du *Sunday World*, les fortes tempêtes de neige dans la Sierra Nevada risquent de perturber son itinéraire. Il ne serait pas sage de faire avancer à tout prix la locomotive de la Central Pacific – la dépêche vous en dira plus à ce sujet.

Une semaine pourrait être nécessaire pour dégager la route en raison des congères devenues dures comme le fer et des chutes de neige sans précédent. Pendant au moins trois jours (voire plus si la neige continue de tomber), aucun train en partance pour l'Est ne pourra traverser la Sierra Nevada. C'est la première fois en douze ans qu'une tempête résiste au puissant chasse-neige ferroviaire.

Les parieurs, quasi convaincus que les dernières incertitudes seraient balayées après l'arrivée de Miss Bly à San Francisco, comprendront que tout se joue à présent. Quel que soit l'itinéraire retenu, des obstacles peuvent encore se dresser sur son chemin, comme cette tempête qui remet tout en cause.

17

La conquête de l'Amérique

Je n'ai de ma traversée du continent qu'un souvenir confus d'accueils joyeux, d'encouragements, de télégrammes de félicitations, de fruits, de fleurs, d'acclamations, de hourras et de poignées de main. Je voyageai dans un premier temps à bord d'un magnifique wagon décoré de fleurs odorantes et entraîné à vive allure par la locomotive à travers les vallées et les montagnes, plus vite, plus vite ! C'était formidable ! Une escorte digne d'une reine. Il se disait que personne n'avait reçu autant d'ovations. Mes compatriotes étaient très fiers que ce fut une des leurs qui ait relevé pareil défi, quant à moi je me félicitais que ce fut une femme qui ait réalisé cet exploit. L'intérêt que chacun me portait fut peut-être la plus grande récompense. Tous espéraient que je puisse finir mon tour du monde à temps, comme si leur réputation était en jeu.

Le train spécialement affrété pour moi démarra à la minute où je montai à bord. Le directeur du port de San Francisco, l'inspecteur des douanes, l'officier des quarantaines et le superintendant de la compagnie O&O, tous avaient veillé afin d'assurer mon transfert dès mon arrivée. Ils n'étaient pas les seuls à avoir sacrifié de précieuses heures de sommeil : une pauvre petite journaliste avait passé une nuit blanche dans l'espoir de m'interviewer, en vain. J'obéissais à tous, me laissant mener à droite à gauche, comme une invitée passive, car j'ignorai ce qu'il allait advenir de moi sur le continent. Ce ne fut qu'une fois loin de San Francisco que je pris conscience de ce tourbillon et, si j'avais su qu'un train m'attendait, j'aurais fait grimper tous les journalistes à bord.

Mon train était composé d'un superbe wagon-lit, le San Lorenzo, et d'une locomotive, The Queen, une des plus rapides de la ligne du Pacifique Sud.

« Quand souhaiteriez-vous arriver à New York, Miss Bly ? s'enquit Mr Bissell, l'agent des liaisons Atlantique-Pacifique.

– Pas plus tard que samedi soir, répondis-je, certaine de demander l'impossible.

– Très bien, comptez sur nous », m'assura-t-il – sa détermination m'inspira toute confiance.

Après Oakland Mole, nous atteignîmes rapidement la grande vallée de San Joaquin, une plaine verdoyante que la voie ferrée coupait sur cinq cents kilomètres, aussi droite qu'un rayon de soleil. Nous filions à la folle vitesse d'un kilomètre et demi à la minute sur des rails si parfaits que l'on croyait rouler sur du velours.

Nous nous arrêtâmes à Merced, deuxième étape du périple, où je fus accueillie par une foule en habits du dimanche. Quand je demandai s'il s'agissait d'un pique-nique, mes accompagnateurs m'apprirent que tous ces gens s'étaient déplacés spécialement pour moi. Surprise, je me hissai sur la plateforme du train pour les saluer. Une immense clameur, presque effrayante, s'éleva de l'assemblée et une fanfare attaqua « By Nellie's Blue Eyes ». On me tendit un plateau de fruits, de bonbons et de noix, le cadeau d'un garçonnet qui me toucha plus que s'il s'était agi du présent d'un roi.

Le train se remit en route. Mes deux accompagnateurs et moi-même n'eûmes rien d'autre à faire qu'admirer le paysage à travers lequel nous filions comme un nuage dans le ciel, lire, compter les poteaux télégraphiques et câliner le petit singe. Rien ne me faisait plus envie que de me laisser aller, pour le salut de mon corps comme pour celui de mon esprit. Je ne pouvais de toute façon plus rien faire, j'étais impuissante face au destin, à bord de ce train qui me conduirait au bout de mon périple. Ce repos forcé était si agréable que je souhaitais que le train n'aille pas si vite. À Fresno, en Californie, on m'offrit des fruits, du vin et des fleurs.

Les hommes qui m'abordèrent s'intéressaient à mon coup de soleil sur le nez, à mes diverses péripéties, au nombre de kilomètres que j'avais parcourus. Les femmes voulaient examiner la seule robe que j'avais portée durant tout le voyage, ma cape, mon chapeau, mon sac et mon petit singe.

New York World, 23 janvier 1890

BIENTÔT DE RETOUR

Celle qui a fait le tour de la Terre pour le *World* a traversé presque la moitié du pays

---

ELLE SE COMPORTE COMME UN INGÉNIEUR

Une folle aventure à bord de l'énorme locomotive

NELLIE BLY ÉCHAPPE À UNE HORRIBLE MORT

Nous avons reçu cette dépêche à deux heures du matin :

« Gallup (Nouveau-Mexique), 22 janvier

Nellie Bly saura seulement qu'elle a échappé de justesse à la mort en lisant cet article :

"Elle est passée ici à bord d'un train spécial roulant à plus de quatre-vingts kilomètres à l'heure. À cinq kilomètres à l'est de Gallup, des cheminots remplaçaient les longerons d'un pont surplombant un canyon.

Les rails étaient en place mais ne tenaient qu'avec des vis. Les ouvriers ont entendu approcher le train spécial et essayé de l'arrêter mais c'était trop tard.

Dans un vacarme assourdissant, la locomotive et le wagon sont passés au-dessus du ravin sans encombre.

Les cheminots, qui ont vu le train franchir à toute allure ce pont en allumettes, ont déclaré qu'il s'agissait d'un véritable miracle, l'un des plus merveilleux de l'histoire des chemins de fer." »

Si la bonne étoile qui a accompagné Nellie Bly pendant les trente-sept mille premiers kilomètres de son périple continue à briller pour elle dans cette dernière étape, notre globe-trotteuse devrait arriver à l'heure demain à Chicago pour attraper le train de la compagnie Pennsylvania Railroad.

Nous roulions à vive allure le premier jour lorsque j'entendis le train siffler très fort puis un grand fracas. Il freina jusqu'à l'arrêt complet, et nous descendîmes pour contempler les dégâts. Deux hommes se tenaient à proximité des rails. Nous avions visiblement percuté une draisine. Le conducteur nous indiqua un morceau de métal tordu et les éclats de bois qui parsemaient les alentours

– c'est tout ce qu'il en restait. L'un des hommes qui nous avaient rejoints lança, furieux mais impressionné : « Ma parole, vous rouliez comme des beaux diables !

– Merci pour le compliment », rétorquai-je.

Nous rîmes de bon cœur. Il n'y avait fort heureusement pas de blessés – nous nous dîmes au revoir dans la bonne humeur. À la gare suivante, une foule à nouveau m'attendait ; parmi elle un homme cria : « Nellie Bly, laissez-moi vous approcher ! »

Curieuse, la foule s'écarta pour le laisser me rejoindre sur la plateforme.

« Nellie Bly, touchez ma main ! » m'exhorta-t-il. Comme j'obéissais, il s'écria : « Le succès est avec vous ! Je tenais la patte gauche d'un lapin ! »

Je ne suis pas de nature superstitieuse mais lorsque j'appris qu'un pont s'était écroulé juste après notre passage et que notre locomotive s'était décrochée après avoir perdu une roue, je me demandai si la patte de lapin n'y était pas pour quelque chose.

Lors d'un nouvel arrêt, un homme m'interpella : « Êtes-vous montée sur le dos d'un éléphant, Nellie ? » et, quand je répondis par la négative, il secoua la tête et quitta les lieux. Une autre fois, des policemen furent appelés à la rescousse afin de contenir la cohorte des gens qui se pressaient pour me saluer. Un policeman fut emporté par un mouvement de foule, alors son confrère se tourna vers moi et me confia d'un ton résigné : « J'abandonne, car moi aussi je voudrais vous serrer la main. » Il allait m'atteindre lorsque les gens le poussèrent sur le côté. À chaque nouvel arrêt, je me penchai du haut de ma plateforme pour serrer des mains. Lorsque le train repartait, certains couraient à côté des rails, serrant ma main autant qu'ils le pouvaient. Mes bras me firent mal à la longue, mais j'étais ravie d'être entourée des miens et de leur faire plaisir.

« Venez vivre ici, Nellie, et vous serez élue gouverneur », me souffla un homme au Kansas ; à en juger par les acclamations que je reçus, il devait dire vrai. Je reçus des télégrammes d'encouragements du pays entier, adressés à « Nellie Bly » ou au « train de Nellie Bly ». L'accueil fut partout des plus chaleureux : je vis plus de dix mille personnes à Topeka, et le maire de Dodge City me présenta ses vœux. J'avais très envie de découvrir Kansas City, mais nous fîmes un arrêt à la sortie de la ville pour gagner trente minutes sur notre itinéraire. À Hutchinson, le Ringgold Cornet Band m'accueillit en musique, tandis qu'ailleurs un maire m'assura qu'un orchestre s'était déplacé pour moi mais que, dans l'excitation, les musiciens avaient oublié de jouer.

New York World, 23 janvier 1890

CONTINUEZ À PARIER !

Le coupon du « concours Nellie Bly » paraîtra aujourd'hui pour la dernière fois car la circumnavigatrice arrivera demain à Chicago, si tout se déroule comme prévu. À partir de là, les paris cesseront. Les coupons sont à retourner par courrier au siège du *World*, le cachet de la poste faisant foi.

Le tour du monde de Miss Bly prendra officiellement fin quand elle descendra du train à Jersey City. Au moment où elle posera les deux pieds sur le quai, trois personnes armées de leurs chronomètres enregistreront à un cinquième de seconde près le temps qu'a mis Nellie Bly pour achever sa course incroyable contre la montre.

Une nuit, je restai éveillée jusqu'à quatre heures du matin pour répondre aux questions d'une jeune journaliste de Kearney, dans le Nebraska, qui avait parcouru près de mille kilomètres à la seule fin de me rencontrer. Je dictai ensuite à un sténographe un compte rendu de mon voyage. Le pauvre ne supportait pas le roulis du train. J'avais fermé les yeux pendant à peine deux heures lorsque le bagagiste me prévint de notre arrivée imminente à Chicago. Je m'habillai et bu le peu de café qui nous restait, car nous avions copieusement servi nos invités à bord. Je fus surprise, en ouvrant la porte de ma chambre, de constater que le wagon était rempli de jolis garçons. C'étaient des journalistes membres du Chicago Press Club, montés à Joliet pour faire ma connaissance et m'escorter jusqu'à leur ville. Mr Cornelius Gardener, le vice-président du club, s'était occupé d'organiser une petite réception. Avant d'arriver à Chicago, j'avais déjà répondu à leurs questions, et nous bavardions entre autres choses de mon nez brûlé par le soleil, de mon unique robe et de mon petit singe si doué. J'étais si heureuse d'être de retour au pays que j'aurais voulu passer la journée à Chicago.

Des voitures attendaient de nous conduire au Press Club. Je montai dans un coupé avec Mr Gardener, qui déclara plus tard, dans un compte rendu de ma visite, avoir été tenté de me garder avec lui. Cela me fit rire car j'avais moi-même eu envie de le kidnapper et de l'emmener avec moi, pour la grande stupéfaction du public qui m'accueillerait à New York. Dans les beaux salons du Press Club, je rencontrai le président Stanley Waterloo entouré de brillants confrères. Mon train étant arrivé bien en avance, bon nombre de membres du club manquaient à la petite réception informelle donnée en mon honneur. Puis on me conduisit chez Kinsley's, où m'attendait un petit-déjeuner. J'appris que, suite à un malentendu, aucun des hommes n'avait mangé depuis la veille au soir.

On m'escorta ensuite jusqu'à la Chambre de commerce de Chicago. C'était un véritable pandémonium : les gens se hurlaient aux visages, s'interpellaient pour passer des marchés. Je montai au balcon lorsqu'un homme, encore dans le feu de l'action, m'aperçut et s'écria : « Mais c'est Nellie Bly ! »

En un instant, la foule déchaînée devint silencieuse. On aurait pu entendre une mouche voler. Tous les visages se tournèrent vers moi, puis une salve d'applaudissements retentit. Les gens peuvent dire ce qu'ils veulent sur Chicago, mais nulle part je n'ai vu une femme recevoir autant d'acclamations que dans cette ville. Les cris furent suivis de « Un discours ! Un discours ! », mais je me contentai de soulever ma coiffe et de les saluer d'un signe de tête. Les vivats redoublèrent.

Puis le moment vint de gagner la gare Pennsylvania, où je fis avec regrets mes adieux. Je ne les remercierai jamais assez du formidable accueil qu'ils réservèrent à une jeune femme couverte de coups de soleil.

Je voyageai désormais à bord d'un train régulier qui se traînait horriblement. Je n'avais plus de wagon-lit mais une petite cabine, et j'avais si peu de place que je dus me séparer des paniers de fruits et de fleurs. À Chicago, j'avais reçu un câble qui m'avait manqué à San Francisco et me fit rosir de plaisir :

« À la demande de Monsieur Verne, le message suivant devra être remis à Nellie Bly lorsqu'elle foulera le sol américain :

"Monsieur et Madame Jules Verne adressent leurs sincères félicitations à la jeune et intrépide Miss Nellie Bly." »

Il n'y avait pas de restaurant à bord du train, aussi nous dûmes nous arrêter pour nous sustenter. Lorsque nous descendîmes à Logansport, je fus la dernière à quitter le wagon et, sur le quai, un jeune inconnu m'interpella en agitant son chapeau : « Hourra pour Nellie Bly ! »

Les badauds de la gare me félicitèrent, et même quand j'eus atteint le buffet ils restèrent derrière les vitres à m'applaudir. Lorsque je m'installai pour manger, on me servit plusieurs plats qui portaient l'inscription « À votre succès, Nellie Bly ».

Bien après la tombée de la nuit, nous atteignîmes le dépôt de Columbus, où un comité d'accueil m'attendait là aussi. Une délégation de cheminots m'offrit des fleurs et des chocolats. Nous reprîmes la route pour Pittsburgh, et je pus enfin aller me coucher. Je me réveillai le matin pour saluer les milliers de bonnes âmes venues me fêter à Harrisburg. Le Harrisburg Wheelman's Club m'offrit une composition fleurie en souvenir de ma course. À Lancaster je fus également ovationnée, et des journalistes basés à Philadelphie montèrent à bord.

New York World, 25 janvier 1890

ENFIN À LA MAISON

Nellie Bly arrivera en gare de Jersey City cet après-midi

ELLE SERA ACCUEILLIE PAR UNE SALVE D'ARTILLERIE

Des coups de canon seront tirés de New York et de Brooklyn

LE RECORD DE VITESSE DU JOUR

Nellie Bly aura terminé son tour du monde à 3 h 52 cet après-midi si le train de la compagnie Pennsylvania Railroad est à l'heure. À peine aura-t-elle posé le pied sur le quai de la gare de Jersey City que tout New York sera averti de son arrivée. Dix coups de canon retentiront de Battery Park pour lui souhaiter la bienvenue et, au même moment, dix autres tonneront de Fort Greene Park à Brooklyn pour lui rendre hommage. Ceux qui ont chronométré Miss Bly arrêteront leurs montres et, pour la première fois dans l'histoire du monde, la circumnavigation de la Terre par une femme sans guide ni escorte sera consignée.

J'arrivai à Philadelphie avant même que je me sois rendu compte de quoi que ce soit. Mon aventure avait été si formidable que je redoutai presque qu'elle se terminât.

Quelques amis et des journalistes me rejoignirent, puis nous nous mîmes en route vers New York. Il me fallait à tout prix écrire un discours avant Jersey City ! On me conseilla de sauter sur le quai, afin de marquer la fin de mon grand voyage autour du monde. La gare était remplie de milliers de concitoyens et, lorsque je posai enfin pied à terre, la foule cria comme un seul homme, suivie par les canons de Battery et Fort Greene qui tonnèrent en mon honneur. J'ôtai mon chapeau et criai joyeusement avec la foule, non pas parce que j'avais accompli mon tour du monde en soixante-douze jours, mais parce que j'étais de nouveau parmi les miens.

TABLE

RÉALISATION : NORD COMPO À VILLENEUVE-D'ASCQ
IMPRESSION : CPI FRANCE
DÉPÔT LÉGAL : JUIN 2017. N° 131294-11 (2069461)
IMPRIMÉ EN FRANCE

Éditions Points

Le catalogue complet de nos collections est sur Le Cercle Points, ainsi que des interviews de vos auteurs préférés, des jeux-concours, des conseils de lecture, des extraits en avant-première...

www.lecerclepoints.com

DERNIERS TITRES PARUS

P4473. Je me suis tue, *Mathieu Menegaux*
P4474. Le Courage d'avoir peur, *Marie-Dominique Molinié*
P4475. La Souffrance désarmée, *Véronique Dufief*
P4476. Les Justiciers de Glasgow, *Gordon Ferris*
P4477. L'Équation du chat, *Christine Adamo*
P4478. Le Prêteur sur gages, *Edward Lewis Wallant*
P4479. Les Petits Vieux d'Helsinki font le mur
Minna Lindgren
P4480. Les Échoués, *Pascal Manoukian*
P4481. Une forêt d'arbres creux, *Antoine Choplin*
P4482. Une contrée paisible et froide, *Clayton Lindemuth*
P4483. Du temps où j'étais mac, *Iceberg Slim*
P4484. Jean-Louis Trintignant. L'inconformiste, *Vincent Quivy*
P4485. Le Démon de la vie, *Patrick Grainville*
P4486. Brunetti entre les lignes, *Donna Leon*
P4487. Suburra, *Carlo Bonini et Giancarlo de Cataldo*
P4488. Le Pacte du petit juge, *Mimmo Gangemi*
P4489. Mort d'un homme heureux, *Giorgio Fontana*
P4490. Acquanera, *Valentina D'Urbano*
P4491. Les Humeurs insolubles, *Paolo Giordano*
P4492. Le Professeur et la Sirène
Giuseppe Tomasi di Lampedusa
P4493. Burn out, *Mehdi Meklat et Badroudine Saïd Abdallah*
P4494. Sable mouvant. Fragments de ma vie, *Henning Mankell*
P4495. Solomon Gursky, *Mordecai Richler*
P4496. Les Ragazzi, *Pier Paolo Pasolini*
P4497. Goya. L'énergie du néant, *Michel del Castillo*
P4498. Le Sur-vivant, *Reinhold Messner*
P4499. Paul-Émile Victor. J'ai toujours vécu demain
Daphné Victor et Stéphane Dugast
P4500. Zoé à Bercy, *Zoé Shepard*
P4501. Défaite des maîtres et possesseurs, *Vincent Message*

P4502. Vaterland, *Anne Weber*
P4503. Flash boys. Au cœur du trading haute fréquence
Michael Lewis
P4504. La Cité perdue de Z, *David Grann*
P4505. La Dernière Fête, *Gil Scott-Heron*
P4506. Gainsbourg confidentiel, *Pierre Mikaïloff*
P4507. Renaud. Paradis perdu, *Erwan L'Éléouet*
P4508. La douleur porte un costume de plumes, *Max Porter*
P4509. Le Chant de la Tamassee, *Ron Rash*
P4510. Je ne veux pas d'une passion, *Diane Brasseur*
P4511. L'Illusion délirante d'être aimée
Florence Noiville
P4512. L'Encyclopédie du Baraki. De l'art de vivre en jogging en buvant de la bière, *Philippe Genion*
P4513. Le Roland-Barthes sans peine, *Michel-Antoine Burnier et Patrick Rambaud*
P4514. Simone, éternelle rebelle, *Sarah Briand*
P4515. Porcelain, *Moby*
P4516. Meurtres rituels à Imbaba, *Parker Bilal*
P4517. Dire nous. Contre les peurs et les haines, nos causes communes, *Edwy Plenel*
P4518. Ce que je ne pouvais pas dire, *Jean-Louis Debré*
P4519. Montecristo, *Martin Suter*
P4520. Manhattan People, *Christopher Bollen*
P4521. Le Livre d'Aron, *Jim Shepard*
P4522. Fais-moi danser, Beau Gosse, *Tim Gautreaux*
P4523. La Tête hors de l'eau, *Dan Fante*
P4524. Orgasme, *Chuck Palahniuk*
P4525. Professeur singe *suivi de* Le Bébé aux cheveux d'or
Mo Yan
P4526. Snjór, *Ragnar Jónasson*
P4527. La Violence en embuscade, *Dror Mishani*
P4528. L'Archange du chaos, *Dominique Sylvain*
P4529. Évangile pour un gueux, *Alexis Ragougneau*
P4530. Baad, *Cédric Bannel*
P4531. Le Fleuve des brumes, *Valerio Varesi*
P4532. Dodgers, *Bill Beverly*
P4533. Étoile morte, *Ivan Zinberg*
P4534. Questions de vie. Un psy face aux détresses d'aujourd'hui, *Jacques Arènes*
P4535. Le Silence de Dieu. Face aux malheurs du monde
Bertrand Vergely
P4536. Le Souffle du Maître, *Blanche de Richemont*
P4537. Je crois en l'homme parce que je crois en Dieu
Robert Hossein, avec François Vayne
P4538. L'Homme de ma vie, *Yann Queffélec*

P4539. Un homme à histoires, *Patrick Rotman*
P4540. Il est minuit, monsieur K., *Patrice Franceschi*
P4541. Pour la peau, *Emmanuelle Richard*
P4542. Le Choix de l'insoumission, *Jean-Luc Mélenchon*
P4543. La Femme du gardien de zoo, *Diane Ackerman*
P4544. Au service secret de la France
Jean Guisnel et David Korn-Brzoza
P4545. Le Grand Marin, *Catherine Poulain*
P4546. Libres comme elles. Portraits de femmes singulières
Audrey Pulvar
P4547. L'Innocence pervertie, *Thomas H. Cook*
P4549. Sex Beast. Sur la trace du pire tueur en série
de tous les temps, *Stéphane Bourgoin*
P4550. Pourquoi les poètes inconnus restent inconnus
Richard Brautigan
P4551. Il pleut en amour – Journal japonais, *Richard Brautigan*
P4552. La Grande Santé, *Frédéric Badré*
P4553. L'Ombre animale, *Makenzy Orcel*
P4554. Vladimir M., *Robert Littell*
P4555. Tous les vivants, *Jayne Anne Phillips*
P4556. Les Ravissements du Grand Moghol, *Catherine Clément*
P4557. L'Aventure, le choix d'une vie, *collectif*
P4558. Une saison de chasse en Alaska
Zoé Lamazou et Victor Gurrey
P4559. Mémoires *suivi de* Journal de guerre, *Roland Garros*
P4560. Des petits os si propres, *Jonathan Kellerman*
P4561. Un sale hiver, *Sam Millar*
P4562. La Peine capitale, *Santiago Roncagliolo*
P4563. La Maison maudite et autres récits
Howard Phillips Lovecraft
P4564. Chuchotements dans la nuit, *Howard Phillips Lovecraft*
P4565. Daddy Love, *Joyce Carol Oates*
P4566. Candide et lubrique, *Adam Thirlwell*
P4567. La Saga Maeght, *Yoyo Maeght*
P4568. La crème était presque parfaite, *Noël Balen*
et Vanessa Barrot
P4569. Le Livre imprévu, *Abdellatif Laâbi*
P4570. Un président ne devrait pas dire ça... Les secrets
d'un quinquennat, *Gérard Davet, Fabrice Lhomme*
P4571. Best of Hollande, *Plantu*
P4572. Ally, la sœur de la tempête, *Lucinda Riley*
P4573. Avenue des mystères, *John Irving*
P4574. Une putain de catastrophe, *David Carkeet*
P4575. Une traversée de Paris, *Eric Hazan*
P4576. Vie de combat, vie d'amour, *Guy Gilbert*
P4577. L.A. nocturne, *Miles Corwin*

P4578. Le Lagon noir, *Arnaldur Indridason*
P4579. Ce qui désirait arriver, *Leonardo Padura*
P4580. À l'école de l'amour, *Olivia Manning*
P4581. Le Célibataire, *Stella Gibbons*
P4582. Les Princesses assassines, *Jean-Paul Desprat*
P4583. Le Gueuloir. Perles de correspondance, *Gustave Flaubert*
P4584. Le Dico de l'humour juif, *Victor Malka*
P4585. Le Crime, *Arni Thorarinsson*
P4586. Lointaines Merveilles, *Chantel Acevedo*
P4587. Skagboys, *Irvine Welsh*
P4588. Les Messieurs, *Claire Castillon*
P4589. Balade avec Épicure. Voyage au cœur du bonheur authentique, *Daniel Klein*
P4590. Vivre ses désirs, vite !, *Sophie Cadalen et Bernadette Costa-Prades*
P4591. Tisser le lien. Méditations, *Yvan Amar*
P4592. Le Visage du mal, *Sarah Hilary*
P4593. Là où vont les morts, *Liam McIlvanney*
P4594. Paris fantastique, *Rodolphe Trouilleux*
P4595. Friedkin Connection. Les Mémoires d'un cinéaste de légende, *William Friedkin*
P4596. L'Attentat de Sarajevo, *Georges Perec*
P4597. Le Passager de la nuit, *Maurice Pons*
P4598. La Grande Forêt, *Robert Penn Warren*
P4599. Comme deux sœurs, *Rachel Shalita*
P4600. Les Bottes suédoises, *Henning Mankell*
P4601. Le Démonologue, *Andrew Pyper*
P4602. L'Empoisonneuse d'Istanbul, *Petros Markaris*
P4603. La vie que j'ai choisie, *Wilfred Thesiger*
P4604. Purity, *Jonathan Franzen*
P4605. L'enfant qui mesurait le monde, *Metin Arditi*
P4606. Embrouille en Corse, *Peter Mayle*
P4607. Je vous emmène, *Joyce Carol Oates*
P4608. La Fabrique du monstre, *Philippe Pujol*
P4609. Le Tour du monde en 72 jours, *Nellie Bly*
P4610. Les Vents barbares, *Philippe Chlous*
P4611. Tous les démons sont ici, *Craig Johnson*
P4612. Tant que les arbres s'enracineront dans la terre *suivi de* Congo, *Alain Mabanckou*
P4613. Les Transparents, *Ondjaki*
P4614. Des femmes qui dansent sous les bombes, *Céline Lapertot*
P4615. Les Pêcheurs, *Chigozie Obioma*
P4616. Lagos Lady, *Leye Adenle*
P4617. L'Affaire des coupeurs de têtes, *Moussa Konaté*
P4618. La Fiancée massaï, *Richard Crompton*
P4619. Bêtes sans patrie, *Uzodinma Iweala*